NARRATIVA DE WILLIAM WELLS BROWN, ESCRAVO FUGITIVO

Escrita por ele mesmo

primeira edição Primeira edição

edição Jorge Sallum
coedição Felipe Musetti
assistência editorial Luca Jinkings e Paulo H. Pompermaier
revisão técnica Tâmis Parron
capa Lucas Kröeff

ISBN 978-85-7715-618-4

Grafia atualizada segundo o Acordo Ortográfico da Língua Portuguesa de 1990, em vigor no Brasil desde 2009.

EDITORA HEDRA LTDA.
R. Fradique Coutinho, 1139 (subsolo)
05416-011 São Paulo SP Brasil
Telefone/Fax +55 11 3097 8304

editora@hedra.com.br
www.hedra.com.br

Foi feito o depósito legal.

NARRATIVA DE WILLIAM WELLS BROWN, ESCRAVO FUGITIVO

Escrita por ele mesmo

William W. Brown

Tâmis Parron (*organização*)

Calvin Schermerhorn (*prefácio*)

Francisco Araújo da Costa (*tradução*)

1ª edição

hedra

São Paulo 2020

Sumário

Introdução

CALVIN SCHERMERHORN
ARIZONA STATE UNIVERSITY

Publicada no bastião abolicionista de Boston pela Sociedade Antiescravista de Massachusetts em julho de 1847, a *Narrativa de William Wells Brown, escravo fugitivo. Escrita por ele mesmo* é um apelo exaltado à abolição da escravidão nos Estados Unidos e, por consequência, em todo o mundo. Redigido pelo ex-escravizado William Brown,[1] o livro comoveu os leitores e incitou o debate na época da sua primeira edição, vendendo 8000 exemplares em dois anos e sendo reeditado nove vezes em quatro décadas. A *Narrativa* é, e continua a ser, um texto poderoso, pois

1. No aparato crítico dessa edição empregou-se a palavra "escravizado" no lugar de "escravo". Essa mudança lexical desnaturaliza o processo de escravização e a existência social do escravismo, pois a alteração do sufixo transforma o substantivo "escravo", que conota *status* ou condição permanente, no verbo "escravizar", evidenciando o dinamismo da construção social da pessoa em situação de escravidão. Em inglês, o particípio e a função adjetiva do particípio se distinguem pela posição do termo em relação ao nome ("*enslaved person*", "*person enslaved*"). Em português, o valor posicional do termo não produz distinção semântica com a mesma clareza que o inglês. Nos casos em que o emprego da forma nominal "escravizado" gerasse ambiguidade, esta edição optou excepcionalmente pelo uso vernacular dos vocábulos. [N. O.]

representa um testemunho em primeira pessoa da escravidão americana e coloca os leitores cara a cara com o ambiente de violência social que impactava radicalmente a personalidade, a família e o desenvolvimento moral entre os escravizados. O narrador não era um cativo qualquer. Brown precisou transcender as dificuldades impostas pela escravidão para conseguir se expressar enquanto orador e escritor americano. O subtítulo, "escrita por ele mesmo", insiste que ele fala autenticamente, nas próprias palavras, sob a própria orientação moral e intelectual.

A *Narrativa* de Brown lançou a carreira literária de um dos maiores autores afro-americanos da história. As primeiras resenhas chamaram o livro de "forte, emocionante e arrebatador (...) e contém muitas passagens sensacionais".[2] Estimulado pelo sucesso do seu primeiro livro, Brown, que já atuava como palestrante abolicionista, publicaria obras de vulto em diversos gêneros. Além de ser provavelmente o primeiro romancista afro-americano com *Clotel; or, The President's Daughter: A Narrative of Slave Life in the United States* (1853), ele também escreveu obras de não-ficção importantes, como *The Negro in the American Rebellion: His Heroism and his Fidelity* (1867), sobre a participação dos afrodescendentes na Revolução Americana (1775–1783), e *My Southern Home; or, The South and its People* (1880), que amplia seus textos autobiográficos ao mesmo tempo que antecipa a antropologia cultural. Quando da sua morte em 1884, Brown havia publicado

2. *The* [*Boston*] *Liberator*, 23 de julho de 1847, p. 118.

mais do que qualquer outro escritor afro-americano contemporâneo. Apesar de não ter recebido tanta atenção quanto Frederick Douglass,[3] de quem foi contemporâneo, seus talentos para comunicar a experiência negra nos EUA prefiguraram as gerações seguintes dos intelectuais e artistas afro-americanos, como W. E. B. Du Bois, James Baldwin e Langston Hughes.

O GÊNERO DAS NARRATIVAS DE ESCRAVOS

Geralmente chamadas de *narrativas de escravos* (*slave narratives*), as autobiografias de ex-escravizados como a *Narrativa* eram em sua essência histórias de liberdade que detalhavam as respostas dos autores à escravidão (tivessem eles nascido nela ou sido forçados a essa condição) e seus caminhos para a liberdade. As primeiras autobiografias de ex-escravizados eram um híbrido de gêneros diversos, incluindo narrativas de cativeiro, literatura de protesto, confissão religiosa e relatos de viagem. A maioria foi escrita e publicada com auxílio editorial de brancos, e quase todas foram publicadas para públicos brancos. "Assim, desde os primeiros momentos da autobiografia negra na América", argumenta um crítico literário, "domina a pressuposição de que o narrador negro precisa de um leitor branco para completar o seu texto, para construir uma hierarquia de significância abstrata referente

---

3. William L. Andrews, Introduction, *From Fugitive Slave to Free Man: The Autobiographies of William Wells Brown* (Columbia and London: University of Missouri Press, 2003).

ao simples conjunto dos seus fatos, para oferecer uma presença onde antes havia apenas um 'Negro', uma ausência escura".[4] Coletivamente, elas exigiam que os leitores brancos testemunhassem as injustiças contra os afrodescendentes cometidas por outros brancos e reagissem de acordo.

O testemunho era a pedra fundamental da autobiografia de um ex-escravizado, e um dos principais desafios artísticos enfrentados pelos autores negros foi como atrair a simpatia do leitor para que enxergassem as cenas de subjugação da maneira apresentada. Muitas vezes, isso significava aceitar boa parte da cultura anglo-americana como normativa, sugerindo que a civilidade dos brancos seria a razão por que era inaceitável a crueldade dos escravizadores. Os americanos civilizados não deveriam tolerar o barbarismo da escravidão. Para os escritores negros, isso significou atenuar a importância das tradições, culturas, religiões e idiomas da África e dar preferência aos valores e tradições dos povos descendentes de europeus. Significou atenuar o radicalismo e a militância que caracterizou líderes descendentes de escravizados como Toussaint ou Jean-Jacques Dessalines no Haiti. Ex-cativos autobiógrafos como Brown eram reformadores radicais, não revolucionários violentos, semelhantes a pessoas como o brasileiro Luiz Gama. O gênero representado pela *Narrativa* defendia concepções anglo-americanas de liberdade e do

---

4. William L. Andrews, *To Tell A Free Story: The First Century of Afro-American Autobiography, 1760–1865* (Urbana and Chicago: University of Illinois Press, 1988, p. 32–33).

Cristianismo ocidental, argumentando que a escravidão desviava delas e as corrompia. Eram radicais dentro dessa tradição, não contrários a ela. Essa atitude caracteriza algumas das primeiras autobiografias de ex-escravizados anglo-americanos mais famosas, como *The Interesting Narrative of the Life of Olaudah Equiano, or Gustavus Vassa, The African* (1789), publicada na Inglaterra. Mas à medida que o gênero avançou, as críticas dos autores à cultura dominante ganharam destaque, com a maior sofisticação do páthos e da natureza interior do sujeito escravizado.

Quando o gênero da autobiografia de ex-escravos norte-americano foi ganhando forma na década de 1820, os autores começaram a escrever contra o gênero emergente da ficção regionalista do Sul, que representava a vida nas fazendas como uma experiência igualmente idílica para os brancos e para os negros. Os americanos embelezavam o seu caráter coletivo através da ficção sobre as peculiaridades de suas regiões natais. Quando participavam desse empreendimento artístico, intelectual e político, os autores brancos sulistas tropeçavam na escravidão, pois era óbvio para os visitantes que as relações sociais da escravidão estavam carregas de violência e crueldade. Assim, os regionalistas brancos, entre os quais os mais famosos foram William Gilmore Simms e John Pendleton Kennedy, construíram um roteiro que invertia esses pressupostos. Eles afirmavam que, se a escravidão diferenciava o Sul, ela também era um bem positivo, não um mal necessário. Em sua visão, a escravidão beneficiava os afrodescendentes e dava aos brancos uma obrigação paternalista que reforçava a supremacia branca e a servidão negra.

Com os romances de autores brancos articulando uma defesa da escravidão a jorrar das editoras, os abolicionistas negros reagiram. Essa disputa despontou na década de 1840, no que um crítico literário chamou de "a escola do 'fugitivo heroico' da literatura americana".[5] A *Narrativa da vida de Frederick Douglass, um escravo americano, escrita por ele mesmo*, de 1845, é o exemplo mais conhecido e mais respeitado dessa fase do gênero. Brown juntou-se a Douglass e outros ex-escravizados, como Henry Bibb e James W. C. Pennington, na publicação de autobiografias nas quais o autor se torna o herói da própria narrativa. A maioria veio dos estados mais ao Norte (incluindo, mas não apenas, os estados do Kentucky, Maryland, Missouri, Carolina do Norte e Virgínia) e havia se alfabetizado pelo menos parcialmente durante o seu cativeiro.

Na competição literária entre os brancos pró-escravidão e os autores negros ex-escravizados, os brancos começaram a defender que eram eles, e não os afrodescendentes, que apresentavam um retrato mais fiel da sua sociedade. Nessa disputa, a autenticidade dos autores negros passou a ser questionada. Porque tantas autobiografias foram escritas com a ajuda ou o auxílio editorial de brancos, o ônus de demonstrar a sua autenticidade caiu sobre os

---

5. Benjamin Quarles, "Narrative of the Life of Frederick Douglass," *em Landmarks of American Writing*, ed. Hennig Cohen (New York: Basic Books, 1969, p. 91).

autores afrodescendentes. Um jornal do Mississippi, por exemplo, afirmou em 1847 que Henry Bibb seria "algum habitante seboso de Five Points [bairro nova-iorquino], mas se apresenta como um criado autoemancipado do Kentucky".[6] Às vezes, provava-se que alguns autores negros inventaram as suas histórias, como aconteceu com James Williams. Seu livro, *The Authentic Narrative of James Williams, An American Slave* (1838), na verdade foi escrito pelo poeta abolicionista John Greenleaf Whittier. A descoberta do fato causou escândalo. Os autores negros precisavam demonstrar que eram os autores das suas narrativas, não apenas os sujeitos delas. Muitas vezes, isso significava que as autobiografias vinham prefaciadas por defensores brancos. Segundo um estudioso, isso era como colocar uma mensagem negra dentro de um envelope branco.[7] Mas isso mostra os desafios que os autores afrodescendentes enfrentavam em uma nação política e um mercado literário controlados pelos brancos.

O gênero do fugitivo heroico das narrativas de escravos conta uma história estilizada e elegante de como é crescer sob o jugo da escravidão e testemunhá-la ao mesmo tempo que narra o próprio desenvolvimento moral do autor que o leva a livrar-se dela. Para preservar a autenticidade e eficácia para os públicos brancos do Norte que liam esses livros, os ex-escravizados autobiógrafos

---

6. *Mississippi Free Trader*, 16 de junho de 1847, p. 2.

7. John Sekora, "Black Message/White Envelope: Genre, Authenticity, and Authority in the Antebellum Slave Narrative", *Callaloo* 32, 1987, p. 482–515.

enfatizam a masculinidade negra circunscrita pela moralidade. O rompimento de Douglass com a escravidão ocorre em fases, através da alfabetização e então uma luta com um escravista mesquinho para o qual ele fora alugado, um combate que vence, e então como se salva miraculosamente dos castigos severos que geralmente eram dados aos homens negros que revidavam contra agressores brancos. Em vez de pegar em armas, entretanto, Douglass organiza uma "escola sabatina" para pregar o evangelho cristão para os seus irmãos escravizados. Ele usa a escola para organizar uma fuga, o que enfatiza a humanidade daqueles que se reuniam com ele. "Eu os amava com um amor mais forte do que tudo que vivenciei desde então", Douglass lembra sobre as pessoas que tentou (sem sucesso) levar à liberdade com uma fuga para o Norte.[8]

A «NARRATIVA» DE WILLIAM BROWN

A *Narrativa* de William Brown segue as regras básicas do gênero das narrativas de escravos. Ela começa com uma nota de agradecimento ao Quaker branco que o salvou do frio e da fome durante a sua fuga, o Wells Brown de quem ganhou o nome. Dois prefácios adicionais atestam a veracidade e o caráter do autor. Um foi escrito por Joseph C. Hathaway, um Quaker de Farmington, Nova York, participante ativo da Ferrovia Subterrânea, a rede

---

8. Frederick Douglass, *Narrative of the Life of Frederick Douglass, An American Slave, Written by Himself* (Boston: The Anti-slavery Office, 1845, p. 81, 83).

de refúgios e meios de transporte que tiravam escravizados do Sul, e apoiador da Sociedade Antiescravista do Oeste de Nova York. Brown dera palestras em Farminton e morara na cidade em meados da década de 1840. Suas filhas estudaram lá e Hathaway estava posicionado para dar credibilidade a Brown junto a um público que não o conhecia. O segundo endosso, mais prestigioso, foi escrito pelo abolicionista Edmund Quincy, da Sociedade Antiescravista de Massachusetts. Quincy declara que o texto da *Narrativa* foi mesmo escrito por Brown e apresentado a ele para ser revisado, admitindo até mesmo que editou o texto original para "corrigir alguns equívocos (...) e sugerir alguns abreviamentos".[9] Juntos, os prefácios preparam o público para acreditar nos relatos do autor. Em uma ironia que fortaleceu ainda mais a autenticidade de Brown, seu último proprietário, Enoch Price, de St. Louis, enviou uma carta oferecendo-se para vender Brown no início de 1848, na qual ele supostamente "reconheceu a veracidade substancial [da *Narrativa*]".[10]

Como outras obras nesse gênero, a *Narrativa* de Brown é uma representação literária. Após fugir da escravidão em 1834 e trabalhar nos vapores dos Grandes Lagos da América do Norte, ele começou a dar palestras para públicos antiescravidão em 1843 e acabaria por contar sua

9. Ezra Greenspan, *William Wells Brown: An African American Life* (New York: W. W. Norton, 2014, capítulos 4–5); William Wells Brown, *Narrative of William W. Brown, A Fugitive Slave, Written by Himself* (Boston: The Anti-slavery office, 1847), vi (citação). [Página 40 desta edição.]

10. *Salem* [*Massachusetts*] *Observer*, 12 de fevereiro de 1848, p. 2.

história nos palcos. A oratória era um gênero que exigia que o palestrante cativasse o público, e a experiência de Brown em recontar seus primeiros anos nos palcos o ajudou a moldar a narrativa quando esta foi se transformando em um projeto literário. Os abolicionistas também lhe forneceram um vocabulário que formava uma retórica de denúncia dos escravizadores de acordo com os temas da hipocrisia religiosa, crueldade lasciva e separações desalmadas das famílias afrodescendentes. Esse vocabulário foi uma maneira de enquadrar suas reflexões pessoais e ligá-las aos apelos dos abolicionistas por reforma moral. A *Narrativa* funde a retórica abolicionista com as memórias reconstruídas dos seus anos no Missouri e no Rio Mississippi, culminando com a sua fuga em 1834, após o Ano Novo.

Apesar de pertencer ao gênero do fugitivo heroico das autobiografias de ex-escravizados, Brown foi ao mesmo tempo herói e anti-herói. Quando era criado do traficante negreiro Walker em 1832, Brown foi mandado para ser açoitado em Vicksburg, Mississippi. Walker lhe deu um dólar e um bilhete com a instrução de castigá-lo e mandou que os entregasse ao carcereiro; temendo o conteúdo do bilhete (já que não sabia lê-lo), Brown pagou outro homem negro para levar o papel até a cadeia, onde seu substituto recebeu "vinte chibatadas nas costas nuas".[11] Brown se expõe ao ridículo e à humilhação, ou até à perfídia, por

---

11. Brown, *Narrative of William W. Brown*, p. 56. [Página 85 desta edição.]

enganar outro negro para que sofresse no seu lugar. Ele também praticou um embuste contra Almira Price, a esposa do seu último proprietário. Enquanto morava em St. Louis e trabalhava de cocheiro, Brown foi sujeitado à "armadilha que a Sra. Price criara para me deixar satisfeito com meu novo lar ao me obter uma esposa". Ele fingiu interesse em casar-se com uma jovem chamada Eliza, também escravizada, e que Enoch Price adquirira para que formassem um par. A compra teve dois motivos. Primeiro, seria muito menos provável que Brown fugisse caso se casasse, e todos os filhos de Eliza também seriam escravos e se tornariam propriedade dos Prices. Mas Brown estava determinado a fugir e permaneceu solteiro; "mas esse segredo eu era forçado a guardar de todos", ele escreveu.[12] Mais uma vez, Brown sobreviveu graças à dissimulação, o que desta vez envolveu Eliza também e não apenas a família Price. Em um mundo no qual a moralidade deveria ser a expressão pública dos valores mais íntimos, Brown admitia suas próprias deficiências.[13]

Mas a *Narrativa* de Brown não perde a oportunidade de transformar a sua duplicidade em lição. "Esse incidente mostra como a escravidão transforma suas vítimas em mentirosos mesquinhos", ele escreve, "vícios pelos quais ela os censura depois e usa como argumento para provar

---

12. Brown, *Narrative of William W. Brown*, p. 88. [Página 115 desta edição.]

13. Clay M. Hooper, "'It Is Good to Be Shifty': William Wells Brown's Trickster Critique of Black Autobiography", *Modern Language Studies* 38.2, 2009, p. 28–45.

que não merecem sina melhor do que essa". Mas Brown se desculpa, escrevendo: "(...) muito lamentei e me arrependi profundamente do logro que perpetrei contra esse pobre rapaz; é meu desejo sincero que, um dia, esteja ao meu alcance ressarci-lo pela tortura que sofreu em meu nome".[14] Ao admitir que era um trapaceiro, ele também repudia essa imoralidade depois de liberto. Quando escapou da escravidão, ele se transformou de um homem imoral em um homem moral. A liberdade foi transformadora. Brown assumiu um novo nome e insistiu que se possuísse a moralidade de um homem livre, jamais teria se rebaixado a um embuste como aquele.[15]

Após a fuga, Brown se reinventou, tanto no palco quanto como figura literária. Antes da fuga, ele era conhecido pelo nome de Sandford Higgins, mas assumiu o nome de Wells Brown, um Quaker branco de Ohio que o ajudou no seu momento de necessidade, e retomou o nome de William, que era como Elizabeth, sua mãe, o chamava. A escolha do nome era importante, pois representava um ato de autopossessão. Essa reinvenção foi acompanhada por uma segunda transformação externa. A imagem no frontispício da sua *Narrativa* é a de um cavalheiro americano. William Wells Brown usava um penteado afro-americano, mas sua aparência e até sua assinatura destaca uma afiliação de classe com os cidadãos brancos americanos de classe média. No contexto dos Es-

---

14. Brown, *Narrative of William W. Brown*, p. 57–58. [Página 86 desta edição.]

15. Andrews, *To Tell a Free Story*, p. 146–51.

tados Unidos, o filósofo americano W. E. B. Du Bois batizaria isso de "dupla consciência", uma divisão da identidade negra norte-americana em um sujeito negro voltado para o exterior que, ao mesmo tempo, se enxerga da mesma forma que os brancos, dando a mais estrita atenção à importância de como os negros são vistos pelos brancos.[16] Usando o conceito sociopsicológico de um véu, Du Bois argumentou que os afro-americanos viam o mundo de dentro de um véu, enquanto afrodescendentes, e também de fora dele, espiando como faziam os brancos.

A *Narrativa* de Brown tem elementos de dupla consciência quando explora o emaranhado de identidades e perspectivas envolvidas em ser um ex-escravizado e uma pessoa de ascendência africana que tenta salvar o projeto da democracia americana, expressando-se para um público que suspeita da sua aparência, tradição e legitimidade. O filósofo Cornel West chamou isso de "a crise tripla da autoconsciência", que era um anseio por ser parte da alta cultura cosmopolita dominante ao mesmo tempo que se tinha um histórico provinciano, uma herança de migração forçada e a identidade social de um homem negro sem status.[17] Durante toda a sua carreira, Brown, assim como muitos outros abolicionistas negros, teve dificuldade para ser reconhecido como um cavalheiro, um homem letrado,

---

16. W. E. B. Du Bois, *The Souls of Black Folk: Essays and Sketches*, Third Edition (Chicago: A. C. McClurg and Co., 1903, p. 2).

17. Cornel West, *Prophecy Deliverance! An Afro-American Revolutionary Christianity* (Louisville, Ky: Westminster John Knox Press, 2002, p. 31).

culto e refinado. Na *Narrativa*, ele enfrenta esse drama ao apresentar-se como um afrodescendente escravizado, mas também como um americano que acreditava em liberdade pessoal, na democracia e no Cristianismo protestante. Ele argumenta que os Estados Unidos eram uma república de escravizadores, alicerçada na supremacia branca. Em vez de conclamar pela sua destruição, no entanto, ele insistia na sua reforma. A escravidão precisava ter fim, e a subordinação racial, também.

A *Narrativa* de Brown foi elogiada pelo público leitor. Um correspondente do jornal *The Boston Whig*, escreveu: "As ideias e sentimentos que emergem naturalmente da leitura desta pequena narrativa fazem com que todas as questões das rivalidades partidárias e sectárias pareçam absolutamente insignificantes". A sinceridade do texto era evidente, fossem quais fossem as preferências partidárias do leitor. "Quem dera que toda a nossa literatura pudesse tornar o vício odioso em todas as suas formas, como esta tornará a escravidão".[18] Um item publicado no *Liberator*, de Boston, o jornal abolicionista mais famoso do país, elogiou a *Narrativa* e profetizou que ela causaria "uma impressão profunda e duradoura nas mentes da geração que desponta".[19]

---

18. *The Liberator*, 26 de novembro de 1847, p. 189 [reprinted from the Boston *Whig*].

19. *The Liberator*, 23 de julho de 1847, p. 118.

ESCRAVISMO E TRÁFICO NEGREIRO NA REPÚBLICA DO ALGODÃO

Além dos seus triunfos literários, a *Narrativa* de Brown é uma fonte histórica excepcionalmente sofisticada sobre a escravidão e a vida dos afro-americanos. Nascido no Kentucky em 1814, Brown era o mais novo de sete filhos de Elizabeth, que o deu à luz quando tinha 20 ou 25 anos. A escravidão o privou de ter pai. Seu pai biológico foi um homem branco, George W. Higgins (1785–1835), que se recusou a reconhecê-lo como herdeiro. Deserdar os filhos era uma prática comum entre os homens brancos que estupravam e engravidavam mulheres afrodescendentes. Era mais comum do que se imagina a ascendência europeia de negros escravizados. O virginiano John Brown lembra que, em criança, conheceu seu avô igbo (africano) "quando ele veio visitar minha mãe. Ele era bem negro".[20] Mas a prática dos pais brancos de não reconhecerem como filhos os frutos de seus abusos sexuais criava famílias secretas, compostas de parentes afrodescendentes e familiares brancos.

Assim como o resto dos americanos, os afrodescendentes preferiam famílias estáveis, com um pai e uma mãe, mas raramente atingiam esse ideal. A escravidão roubou da mãe de Brown algumas partes essenciais da maternidade. Desprotegida do estupro, Elizabeth também não podia cuidar dos seus bebês sem a interferência dos

---

20. John Brown, *Slave Life in Georgia: A Narrative of the Life, Sufferings, and Escape of John Brown, A Fugitive Slave*, ed. L. A. Chamerozow (London: o autor, 1855, p. 2).

escravizadores, e cada um dos seus sete filhos teve um pai diferente. Perturbações familiares envolvendo violência sexual e deslocamento geográfico eram a norma, não a exceção. Como todos os filhos nascidos de mulheres escravizadas eram cativos por lei, Brown lembra, o dono de sua mãe, John Young (1779–1833), "me roubou assim que nasci".[21]

A população escrava crescia rapidamente nos Estados Unidos no início do século XIX, e os escravizadores do Sul Profundo, aqueles que moravam nas regiões algodoeiras e açucareiras que abrangiam os estados da Luisiana, Mississippi, Alabama, Geórgia e Carolina do Sul, demandavam trabalhadores cativos para mourejar na produção das culturas de rendimento. Quando Brown viveu na condição de escravo, a população cativa dos Estados Unidos representava cerca de 15% da população nacional total. No Missouri em 1830, os escravizados eram 18% da população do estado. Mas em locais onde ocorria a produção intensiva de algodão, as populações escravas eram muito mais densas, atingindo 51% na Luisiana e 54% na Carolina do Sul, por exemplo. No Alabama, Mississippi e outros estados do Extremo Sul, o trabalho econômico mais importante dos escravizados era produzir algodão. Os fardos de algodão que produziam corriam para as fábricas do Noroeste da Inglaterra e dos estados da Nova

---

21. Brown, *Narrative of William W. Brown*, p. 13. [Página 47 desta edição.]

Inglaterra, onde eram processados em fios e tecidos que vestiam pessoas ao redor do mundo.

Durante as primeiras décadas da vida de Brown, o cultivo de algodão se tornou o principal interesse econômico dos Estados Unidos. O algodão exportado anualmente aumentou de alguns milhares de fardos em 1790 para quatro milhões em 1860. Sua participação no total das exportações americanas quase quintuplicou entre 1800 e 1820. Em 1840, o algodão respondia por metade do valor das exportações do país, número que chegou a 57% em 1860. E a população escrava também cresceu rapidamente. Os quase 1,2 milhão de cativos contados em 1810 se tornaram os ancestrais de 2 milhões em 1830, 3 milhões em 1850 e quase 4 milhões em 1860. Em 1830, a soma total da propriedade de escravos valia 577 milhões de dólares, ou 15% do patrimônio nacional. Em 1860, esse valor ultrapassou os 3 bilhões de dólares, ou quase 19% do patrimônio total dos EUA. Os escravizados valiam mais do que todos os bancos, meios de transporte e manufaturas juntos. A propriedade de escravos era o segundo tipo mais valioso, perdendo apenas para a terra. Eles trabalhavam no que um historiador chamava de "campos de trabalho escravo", e a produtividade dos trabalhadores nos algodoais aumentou 400% entre 1800 e 1860.[22] A escravidão moldou a paisagem e alterou o contorno de uma parcela significativa do país.

---

22. Edward E. Baptist, *The Half Has Never Been Told: Slavery and the Making of American Capitalism* (New York: Basic, 2014), xiv (citação); p. 246.

E sempre que um fazendeiro de algodão do Alabama ou Mississippi queria expandir seus negócios ou substituir trabalhadores perdidos, ele os comprava de outros senhores. A partir de 1808, os Estados Unidos baniram a importação de cativos estrangeiros. As economias coloniais de Maryland, Virgínia, Carolina do Sul e Geórgia dependiam da importação de cativos africanos para o cultivo de arroz e tabaco, mas quando Brown nasceu (1814), os descendentes desses africanos já haviam se tornado afro-americanos. Em estados como a Virgínia e o Kentucky, essas famílias de afrodescendentes muitas vezes se estendiam por várias gerações. Remoções forçadas deserdavam as crianças escravizadas do acesso à sabedoria dos seus ancestrais, pois desarticulavam suas próprias famílias. As demandas da produção algodoeira no Sul Profundo afetavam os estados mais ao Norte, incluindo o Missouri e o Kentucky.

Além de atuar em diversas funções de trabalho doméstico e de serviços, incluindo assistente de tipógrafo, auxiliar de alfaiate, lavrador, barbeiro, cavalariço e cocheiro, Brown também foi assistente de um traficante negreiro, responsável por preparar pessoas escravizadas para a venda em Natchez, Mississippi, e Nova Orleans, Luisiana. Essa experiência, que Brown vivenciou quando tinha meros 16 anos, se destaca como um dos episódios mais emocionantes e aterroradores da sua *Narrativa*. Walker, o traficante negreiro, alugou Brown de John Young em 1831 e o obrigou a ajudá-lo no transporte de três comboios de pessoas escravas em barcos a vapor no Rio Mississippi, vendendo alguns em Vicksburg e Natchez, Mississippi, e os outros em Nova Orleans. Um "comboio" era uma caravana humana. Na *Narrativa*, ser submetido a Walker é parte de um processo mais amplo de migração forçada. Assim como outros americanos afrodescendentes, Brown foi forçado a sair da terra onde nascera, o Kentucky, e levado ao Missouri. De lá ele foi então forçado a descer o rio até a terra de morte e miséria que era o mercado de escravos em Nova Orleans, que alimentava as regiões de produção intensiva de algodão e açúcar no Sul Profundo dos Estados Unidos. Mais tarde, Brown explicaria que este era uma extensão do tráfico negreiro transatlântico, no qual os negros foram "colocados em uma viagem experimental" que durou duzentos anos.[23] Foi uma sequência da Travessia Atlântica ("Middle Passage"), nome dado nos Estados Unidos ao deslocamento forçado dos africanos para as Américas.

A participação de Brown no tráfico negreiro interno foi relutante, e ele registrou o seu horror em ter que vestir e guardar dezenas de afro-americanos enquanto eram transportados à força por centenas de quilômetros em direção ao Sul, para ser vendidos e separados das suas famílias. Além de vendas privadas, Brown testemunhou o espetáculo dos leilões público sob o teto cupulado de um café chamado Hewlett's Exchange, localizado na Rua Chartres, no que hoje é o Bairro Francês de Nova Orleans.

---

23. *National Anti-Slavery Standard*, 28 de outubro de 1854, p. 2–3, citado em Greenspan, p. 3.

Ele viu uma mulher saltar do convés inferior do vapor *Enterprise* e se afogar nas águas turvas do Mississippi para não ser vendida. Brown viu Walker roubar um bebê dos braços da mãe e outra forçada à escravidão sexual, transformada em amante de Walker, uma prática comum entre os traficantes. Ele viu um cativo ser assassinado em Nova Orleans, seu corpo atirado na carroça de lixo, e um afrodescendente livre ser escravizado e vendido. E quando Brown implorou para ser retirado das mãos de Walker, seu dono se recusou, insistindo que o contrato precisava ser honrado. Uma década e meia depois, refletindo sobre a experiência e as cenas de subjugação que assistira, Brown escreveu: "Não tenho palavras para expressar meus sentimentos".[24]

Brown viu de perto a destruição de inúmeras famílias afro-americanas, e ainda foi forçado a ser cúmplice das práticas de negócios fraudulentas do seu senhor quando Walker lhe mandou "preparar os escravos idosos para o mercado". Brown explica que ele precisava "raspar as barbas e bigodes dos velhos e arrancar os cabelos grisalhos quando estes não eram por demais numerosos; caso contrário, ele possuía uma mistura de graxa preta e um pincel para aplicá-la".[25] Esse trabalho cosmético era parte do processo de apagar identidades individuais. O tráfico negreiro roubava as histórias dos familiares e colocava

---

24. Brown, *Narrative of William W. Brown*, p. 40. [Página 69 desta edição.]
25. Brown, *Narrative of William W. Brown*, p. 43. [Página 74 desta edição.]

uma propaganda inventada no seu lugar. Brown tinha ordens de colocar "alguns (...) a dançar, alguns a pular, alguns a cantar e alguns a jogar cartas" para que fingissem que estavam contentes e obedeceriam aos seus novos proprietários.[26]

Ajudar Walker a transportar três turmas de escravos do Missouri até o Mississippi e a Luisiana foi "o ano mais longo de toda a minha vida". Apesar dos horrores que testemunhou, ser alugado deu a Brown a oportunidade de conhecer boa parte do Vale do Rio Mississippi nos mil quilômetros que separam St. Louis de Nova Orleans. Ele ganhou gorjetas trabalhando de camareiro, dinheiro que pôde usar na sua tentativa de fuga, além de conhecer e interagir com diversas outras pessoas, tanto livres quanto cativas. A descrição de Brown do tráfico negreiro visto de dentro é uma das mais esclarecedoras oferecida por uma testemunha que fora escravizada.

Entre as atrocidades que reconta para o leitor está o caso da mãe de um bebê doente que não consegue impedir que os choros da criança incomodassem Walker. O traficante, lembra Brown, "pegou a criança por um braço, como se pegaria um gato pela perna" e o deu para uma mulher branca, ignorando as súplicas da mãe, que em seguida "foi acorrentada à turma".[27] As separações da escravidão dissolviam cerca de um terço dos primeiros ca-

---

26. Brown, *Narrative of William W. Brown*, p. 46. [Página 76 desta edição.]

27. Brown, *Narrative of William W. Brown*, p. 49–51. [Página 78 desta edição.]

samentos dos escravos nos estados sulistas mais ao Norte. Cerca de metade das crianças escravas perdia seus pais e mães, geralmente os primeiros. Traficantes negreiros como Walker não queriam os muito jovens ou os muito velhos. Bebês e avôs não geravam boas vendas. Em vez disso, eles exigiam trabalhadores no auge da fertilidade. O roubo entre gerações era implacável, separando uma geração da outra durante várias décadas e espalhando os membros das famílias afrodescendentes por todo o Sul dos Estados Unidos.

Ter um filho arrancado dos braços da mãe era o pesadelo de todas as pessoas escravizadas que enfrentavam o destino terrível de serem removidas da terra do algodão. Brown era atormentado pela lembrança de como a irmã e a mãe haviam sido mandadas para o Sul Profundo. "[E]u imaginava ver minha mãe querida no algodoal, seguida por um capataz impiedoso, sem ninguém para lhe oferecer uma palavra de consolo! Eu enxergava minha irmã nas mãos de um feitor, forçada a se submeter à sua crueldade!"[28] Tais separações representavam uma ameaça existencial e, na *Narrativa*, a perda da mãe e da irmã para o tráfico negreiro deixou Brown livre para fugir. Os escravizadores haviam rompido seus laços com seus entes queridos, e sua resposta foi aproveitar essa liberdade enquanto indivíduo.

---

28. Brown, *Narrative of William W. Brown*, p. 94. [Página 120 desta edição.]

CONSIDERAÇÕES FINAIS

A conquista suprema da *Narrativa* de Brown é o seu retrato nítido e expressivo da vida na escravidão americana às margens do Rio Mississippi, contada com o páthos e os sentimentos de uma testemunha ocular eloquente. Sua composição austera e o ritmo acelerado dos eventos permite que o leitor imagine muitos dos detalhes e simpatize com um sujeito que sofre uma série cada vez maior de privações. As viagens de Brown em busca da liberdade são parte do seu processo de autoconstrução, e o leitor sente a tensão se acumulando à medida que ele cresce e aprende. E essa conexão se aprofunda com os seus lapsos, seus truques e mentiras, que ajudam a formar um ser humano completo ao mesmo tempo que o enche de remorso e angústia. Brown, além de oferecer um retrato fiel da vida nas décadas de 1820 e 1830, com detalhes históricos cruciais confirmados pelo trabalho independente dos estudiosos, pinta um quadro vivo do Vale do Rio Mississippi, retratando-o como o coração sombrio da América.

Wm. W. Brown.

R. Andrews Eng'd

NARRATIVE

OF

WILLIAM W. BROWN,

A

FUGITIVE SLAVE.

WRITTEN BY HIMSELF.

——————Is there not some chosen curse,
Some hidden thunder in the stores of heaven,
Red with uncommon wrath, to blast the man
Who gains his fortune from the blood of souls?
COWPER.

BOSTON:
PUBLISHED AT THE ANTI-SLAVERY OFFICE,
No. 25 CORNHILL.
1847.

Frontispício da primeira edição da autobiografia de William Wells Brown, publicada em Boston em 1847.

Narrativa de William Wells Brown, escravo fugitivo, escrita por ele mesmo

—Is there not some chosen curse,
Some hidden thunder in the stores of heaven,
Red with uncommon wrath, to blast the man
Who gains his fortune from the blood of
[souls?[1]

COWPER[2]

---

1. Tradução: "Não haveria uma maldição seleta/ Um trovão oculto no arsenal celeste,/ Rubro com fúria especial, para fulminar o homem/ Que faz sua fortuna com o sangue das almas?"

2. Brown atribui esses versos ao poeta inglês William Cowper (1731–1800). Na verdade, a passagem pertence à peça *Cato, A Tragedy*, de Joseph Addison (1672–1719).

Para Wells Brown, de Ohio

Treze anos atrás eu batia à sua porta, cansado, fugindo dos grilhões e da chibata. Era forasteiro e você me hospedou. Estava faminto e você me deu de comer. Estava nu e você me deu de vestir. A escravidão me negara até um nome pelo qual pudesse ser chamado entre os homens, e você me deu o seu. Eu seria uma criatura deveras vil se esquecesse tudo que te devo ou fizesse o que fosse para desonrar o seu nome sagrado!

Como pequeno testemunho da gratidão que tenho pelo meu primeiro benfeitor, tomo a liberdade de lhe dedicar esta pequena *Narrativa* dos sofrimentos dos quais estava fugindo quando fui agraciado com a sua compaixão. Entre as multidões que receberam seu auxílio, é bem possível que você não se lembre de mim; mas até que eu esqueça Deus e a mim mesmo, nunca me esquecerei de você.

Teu amigo agradecido

William Wells Brown

Carta de Edmund Quincy

Dedham, 1º de julho de 1847

Para William Wells Brown

Meu caro amigo: Agradeço sinceramente pelo privilégio de ler o manuscrito da sua *Narrativa.* Li-a com profundo interesse e fiquei emocionado. Tenho certeza que será, além de um enorme sucesso, de extrema utilidade. Ela apresenta uma fase diferente do sistema escravista infernal em relação àquela retratada na história admirável do Sr. Douglass[1] e nos permite vislumbrar as crueldades atrozes de outras partes do seu domínio.

As oportunidades que você teve de observar o funcionamento desse sistema maldito foram particularmente grandes. Suas experiências na Lavoura, na Casa Grande e, especialmente, no Rio, a serviço de Walker, o traficante de escravos, quase não encontra paralelo entre outros indivíduos, e certamente nenhum que tenha demonstrado a competência para descrevê-los. O que admiro, e o que

1. Frederick Douglass (1819–1895): Abolicionista, jornalista e político americano. Sua primeira autobiografia, a *Narrativa da vida de Frederick Douglass, um escravo americano,* foi um sucesso de vendas na época e ainda é considerada um clássico da literatura dos EUA.

me assombra, na sua *Narrativa* é a calma e a simplicidade com que descreve cenas e ações que poderiam muito bem "levar as próprias pedras a se erguerem em motim" contra a Instituição Nacional que as tornam possíveis.

Como irá perceber, em muito pouco fiz uso da gentil permissão que me deu para alterar aquilo que escreveras. Corrigir alguns equívocos, que pareciam ser meros erros de cópia, cometidos na pressa da composição, empreendida em condições desfavoráveis, e sugerir alguns abreviamentos, foi tudo que ousei fazer. Seria muita audácia da minha parte, e muita vaidade também, tentar melhorar as descrições do que você viu e sofreu. Algumas das cenas fariam jus ao próprio De Foe.

Confio que sua narrativa terá ampla circulação e tenho certeza de que ela o merece. Deve possuir uma natureza diferente da minha o homem que encerre a leitura da *Narrativa* sem acreditar que entende a escravidão melhor do que nunca, e a odeie ainda mais.

Fiel e respeitosamente,

Seu amigo

Edmund Quincy

Prefácio à primeira edição

Os amigos da liberdade podem comemorar o surgimento da *Narrativa* a seguir, que acrescenta mais um volume à crescente literatura antiescravista contemporânea. Como afirmou um grande observador da natureza humana: "Deixem-me compor as canções de uma nação e não me importarei com quem compõe suas leis";[1] e com o mesmo grau de verdade pode-se dizer que, entre um povo leitor como o nosso, nossos livros irão ao menos caracterizar nossas leis. É uma influência que avança silenciosamente em sua missão, mas jamais deixa de encontrar o caminho a muitos corações calorosos para acender em seus altares a chama da liberdade que um dia se conflagrará no incêndio que há de consumir a opressão.

Este livreto é uma voz emanando da prisão, desvendando os feitos sombrios que nela são perpetrados. Nossa causa recebe um grande socorro dessa fonte. Os nomes daqueles que vieram de lá, e que batalharam valorosamente pela justiça, não precisam ser registrados aqui. As obras de alguns deles são monumentos eternos à divindade e

---

1. Frase de Andrew Fletcher (1655-1716), escritor e político antiunionista escocês.

seu registro perpétuo encontra espaço nos corações agradecidos dos cativos redimidos.

Poucas pessoas tiveram maior oportunidade para conhecer a escravidão em todos os seus aspectos mais terríveis do que William W. Brown. Ele esteve por trás dos panos. Visitou suas câmaras secretas. Os ferros dela penetraram a sua alma. Os laços mais caros da natureza foram fendidos em sua pessoa. Uma mãe foi açoitada cruelmente perante seus próprios olhos. Um pai... mas, ah, escravo não tem pai. Um irmão se tornou vítima de sua própria misericórdia. Uma irmã foi entregue ao controle irresponsável do pálido opressor. E esta nação assente com a cena. A União americana sanciona esses feitos. A Constituição protege os criminosos. A religião americana santifica o crime. Mas a maré está virando. Uma corrente submarina arrasta o país para a frente. Uma voz de alerta, de admoestação, de censura, de rogo, está soando. Mãos seguram mãos e corações se mesclam com corações na grande obra da salvação dos escravos.

Mesmo agora, as convulsões do monstro evidenciam suas feridas profundas.

O autor desta *Narrativa* foi emprestado pelo seu senhor para um "*traficante de almas*" e testemunhou todos os horrores do tráfico, desde a compra do rebanho humano nos estados criadores de escravos, que produzem uma cena constante da separação das vítimas dos seus entes queridos, até a sua venda final no mercado do Sul, para serem exauridos em sete anos ou entregues à luxúria dos *cristãos* sulistas.

Muitas cenas pungentes são retratadas explicitamente, mas também com uma simplicidade e uma engenhosidade que transmitem a certeza sobre a veracidade da imagem.

Este livro fará muito para desmascarar aqueles que "se vestiram com o libré da corte celestial" a fim de disfarçar a monstruosidade dos seus atos.

Durante os últimos três anos, o autor dedicou todas as suas energias à causa antiescravista. Labutando sob todas as deficiências e desvantagens decorrentes de ter sido educado sob a escravidão, de ter sido sujeitado, como foi desde nascença, a todos os males e privações inerentes à sua condição, ainda assim ele seguiu em frente, atraído ao trabalho pelo amor à liberdade, estimulado pela memória do próprio sofrimento, instado pela consideração de que mãe, irmãos e irmã ainda agonizavam no cativeiro ao lado de três milhões de filhos do Nosso Pai, sustentado por uma fé inabalável na onipotência da verdade e no triunfo final da justiça, para defender a causa dos escravos, e pela eloquência da sua sinceridade transmitiu a certeza a muitas mentes e arregimentou a simpatia e a cooperação de muitos outros em prol da causa.

Seu trabalho se limitou principalmente ao oeste do estado de Nova York, onde conquistou muitos amigos queridos com seu zelo incansável, sua energia perseverante, sua fidelidade constante e sua bondade universal.

Leitor, és um abolicionista? O que fizestes pelo escravo? O que fazes por ele? O que pretendes fazer? Uma grande obra nos espera. Quem há de ficar parado? Em termos comparativos, este é o grande movimento humanitário da nossa era, engolindo, por ora, todas as outras questões. O curso da história humana, obediente às leis imutáveis da nossa existência, avança rapidamente para uma crise final. Eis a pergunta:

Have ye chosen, O my people, on whose
[party ye shall stand,
Ere the Doom from its worn sandal shakes
[the dust against our land?[2]

Você é cristão? Esta é a realização do Cristianismo prático, e não há outra forma. O Cristianismo é *prático* em sua própria essência e natureza. É uma vida que nasce da alma imbuída com o seu espírito. É amigo da causa missionária? Este é o maior empreendimento missionário de hoje. Três milhões de *cristãos*, transformados em pagãos pela lei, anseiam pelas boas novas do Evangelho da liberdade. É amigo da Bíblia? Vem, então, e nos ajuda a restaurar a vista para esses milhões cujos olhos foram

---

2. Tradução: "Já escolhestes, ó, meu povo, que partido ireis tomar,/ Antes que o Destino de suas sandálias gastas sacuda a poeira contra a nossa terra?". Versos de *The Present Crisis*, do poeta romântico americano James Russell Lowell (1819–1891). "Sacudir a poeira" é uma referência a Mateus 10:14 e à antiga prática judaica de sacudir a poeira dos pés ao sair de cidades não-judaicas para indicar separação do mundo gentio.

furados pela escravidão, para que possam enxergar e ler a Bíblia. Ama Deus, a quem nunca viu? Então manifesta esse amor e devolve ao irmão que já vistes a sua legítima herança, da qual foi privado por tanto tempo e com tanta crueldade.

Não é por uma única geração de três milhões que trabalhamos, por mais sublime que seja tal esforço. É pela humanidade, ao redor do mundo, não só agora, mas por todos os tempos, e por todas as gerações futuras:

> For he who settles Freedom's principles,
> Writes the death-warrant of all tyranny.[3]

É um trabalho vasto, um empreendimento glorioso, digno da devoção inarredável de toda a vida dos grandes e dos bons.

O escravismo e os escravistas devem ser convertidos em seres ignominiosos e detestáveis. Devem perder sua respeitabilidade e sua reputação cristã. Devem ser tratados como "ladrões de homens, culpados do mais grave roubo e pecadores de primeira ordem".[4] Seus cúmplices mais culpados, na pessoa dos *apologistas nortistas*, tanto na Igreja quanto no Estado, devem ser colocados na mesma categoria. Os homens honestos devem ser conven-

---

3. Tradução: "Pois quem estabelece os princípios da Liberdade/ Redige a sentença de morte de toda a tirana." De *L'Envoi*, poema final de *A Year's Life*, o primeiro livro de James Russell Lowell.

4. Passagem da Disciplina da Igreja Presbiteriana dos EUA, adotada em 1794 e eliminada em 1816 com a influência crescente dos escravistas na Assembleia Geral.

cidos a ver esses crimes com a mesma aversão e desprezo que destinam aos ladrões e assassinos menos culpados, até que:

> The common damned shun their society,
> And look upon themselves as fiends less
> [foul.[5]

Quando o crime da escravidão receber sua justa sentença, o trabalho estará completo. E terá chegado o dia glorioso:

> When man nor woman in all our wide
> [domain,
> Shall buy, or sell, or hold, or be a slave.[6]

J. C. Hathaway
Farmington, Nova York, 1847.

---

5. Tradução: "Os condenados comuns rejeitam a sua sociedade/ E se consideram demônios menos atrozes." De *The Grave*, do poeta escocês Robert Blair (1699–1746).

6. Tradução: "Quando nem homem nem mulher em nossos vastos domínios/ Há de comprar, ou vender, ou ter, ou ser escravo." Paráfrase dos versos finais de *Inscription under the Picture of an Aged Negro-woman*, do poeta escocês James Montgomery (1771–1854).

Capítulo I

Nasci em Lexington, Kentucky. O homem que me roubou assim que nasci registrava o nascimento de todos os bebês que alegava serem de sua propriedade em um livro que mantinha para esse fim. O nome de minha mãe era Elizabeth. Ela teve sete filhos, a saber: Solomon, Leander, Benjamin, Joseph, Millford, Elizabeth e eu. Nenhum de nós tinha o mesmo pai que o outro. O nome de meu pai, como soube de minha mãe, era George Higgins. Ele era um homem branco, aparentado com meu senhor, e ligado a algumas das famílias mais proeminentes do Kentucky.

Meu senhor possuía cerca de quarenta escravos, vinte e cinco dos quais eram lavradores. Ele se mudou do Kentucky para o Missouri quando eu era ainda muito jovem e se estabeleceu cinquenta ou setenta quilômetros acima de St. Charles, no Rio Missouri, onde, além da clínica de medicina, praticava a moagem de cereais, o comércio e a agricultura. Ele tinha uma fazenda grande, e seus principais produtos eram o tabaco e o cânhamo. As senzalas ficavam situadas nos fundos da fazenda, com a casa do feitor, chamado Grove Cook, em seu meio. Ele era encarregado de toda a fazenda e, por não ter família, mantinha uma mulher que cuidava da casa para ele; era ela a responsável por distribuir as provisões para os lavradores.

Também havia uma mulher que ficava nos alojamentos para cozinhar para os trabalhadores do eito, que eram convocados para a sua labuta incessante todos os dias às quatro da manhã. O sino pendurado em um poste junto à casa do feitor repicava e então eles tinham meia hora para fazer seu desjejum e partir para o campo. Às quatro e meia, o feitor soava um berrante, sinalizando o começo do trabalho, e todos que não estivessem presentes naquele instante recebiam dez chibatadas do chicote com o qual o feitor estava sempre armado. O cabo tinha quase um metro de comprimento, com a ponta cheia de chumbo, e a chibata de couro tinha dois metros, com arame trançado na ponta. O chicote era aplicado com bastante frequência e liberdade, e qualquer pequeno delito por parte de um escravo era causa para a sua utilização. Durante a época em que o Sr. Cook foi feitor, eu era criado doméstico, uma situação preferível à do escravo do eito, pois eu era mais bem alimentado, me vestia melhor e não era forçado a me levantar com o tocar do sino, e sim cerca de meia hora depois. Muitas vezes fiquei deitado, escutando os estalos da chibata e os berros dos escravos. Minha mãe trabalhava no eito e, uma manhã, chegou ao campo dez ou quinze minutos depois dos outros. Logo que chegou no local onde eles iriam trabalhar, o feitor começou a açoitá-la.

— Ah! por favor... Ah! por favor... Ah! por favor — ela gritava.

Essas eram as palavras recorrentes dos escravos, implorando por piedade das mãos dos seus opressores. Eu reconheci a voz dela, saltei do meu catre e saí correndo para a porta. A lavoura ficava longe da casa, mas ainda assim eu escutava cada estalo do chicote, cada grito e gemido da minha pobre mãe. Permaneci junto à porta, sem ousar ir além. Senti um calafrio correr de cima a baixo e caí em prantos. Após a décima chibatada, o som do chicote cessou e eu voltei para a cama, consolado apenas pelas lágrimas. O sol ainda não havia nascido.

Capítulo II

Meu senhor era um demagogo político e logo encontrou quem estivesse disposto a obter-lhe um cargo em troca dos favores que poderia prestar, e poucos anos após sua chegada ao Missouri ele foi eleito para o Legislativo estadual. Enquanto ele estava ausente, o Sr. Cook, o feitor, ficava encarregado de tudo, e logo se tornou ainda mais tirânico e cruel. Entre os escravos da fazenda havia um que atendia pelo nome de Randall. Era um homem de cerca de um metro e oitenta de altura, esbelto, conhecido por todos por sua enorme força, e considerado o escravo mais valioso e capaz de toda a plantação; contudo, por melhor ou mais útil que seja um escravo, ele quase nunca escapa da chibata. Mas Randall era uma exceção. Ele estava na fazenda desde que eu me lembrava, mas eu nunca o vira ser castigado. Isso não era graças ao senhor ou ao feitor. Muitas vezes eu o ouvi declarar que nenhum branco jamais o açoitaria, que morreria antes disso.

Desde o dia em que chegara à fazenda, Cook sempre declarara que podia e iria castigar qualquer crioulo que trabalhasse sob o seu comando no campo. Meu senhor lhe dissera inúmeras vezes que não tentasse açoitar Randall, mas o feitor estava decidido. Assim que se tornou o único ditador da fazenda, determinou que chegara o momento de executar suas ameaças. Um dia, ordenou uma tarefa muito difícil, mais do que Randall seria capaz de fazer; e à noite, como a tarefa não estava concluída, disse a Randall que deveria lembrar dele na manhã seguinte. No outro dia, depois que os escravos haviam feito seu desjejum, Cook chamou Randall e disse que pretendia açoitá-lo. O feitor ordenou que ele cruzasse as mãos e fosse amarrado. Randall perguntou por que queria açoitá-lo. A resposta foi que ele não completara a tarefa do dia anterior. Randall disse que a tarefa era grande demais, e que a teria realizado se não fosse por isso. Cook respondeu que não fazia diferença, que era preciso açoitá-lo. Randall ficou em silêncio por um instante e então respondeu:

— Sr. Cook, eu sempre tentei agradá-lo desde que o senhor chegou à fazenda, mas o senhor está decidido a não se satisfazer com o meu trabalho. Deixe-me trabalhar como posso. Homem nenhum colocou as mãos em mim para me açoitar nos últimos dez anos, e há muito concluí que não existe homem vivo que vá me açoitar.

Cook, percebendo pelo olhar e os gestos decididos de Randall que este iria resistir, chamou três escravos que estavam trabalhando, ordenou que agarrassem Randall e o amarrassem. Os escravos ficaram parados; eles conheciam Randall, e sabiam muito bem a força deste, então tinham medo de atacá-lo. Logo que Cook ordenou que os homens o agarrassem, Randall se virou para eles e disse:

— Rapazes, vocês todos me conhecem, sabem que posso com qualquer de vocês três e que o homem que encostar em mim há de morrer. Esse branco não consegue me castigar sozinho, então chamou vocês para ajudá-lo.

O feitor não conseguiu convencê-los a amarrar Randall e finalmente ordenou que todos voltassem para o trabalho.

Randall não ouviu nada do feitor por mais de uma semana. Uma manhã, no entanto, enquanto os escravos estavam no eito, ele chegou com três amigos, Thompson, Woodbridge e Jones. Eles foram até onde Randall estava trabalhando e Cook ordenou que deixasse o trabalho de lado e os acompanhasse até o celeiro. Randall se recusou, então foi atacado pelo feitor e seus companheiros; ele reagiu e os derrotou um a um, prostrando-os no chão. Woodbridge sacou sua pistola e disparou, derrubando-o com uma bala. Os outros saltaram sobre ele, desferindo porretadas sobre a cabeça e no rosto até que conseguiram amarrá-lo. Depois, Randall foi levado ao celeiro e amarrado a uma trave. Cook lhe deu mais de cem chibatadas com um chicote de couro pesado, mandou lavar as feridas com salmoura e deixou-o amarrado durante o dia. No dia seguinte, ele foi desamarrado e levado à ferraria, onde uma bola com corrente foi presa à sua perna. Randall foi forçado a trabalhar no campo e completar a mesma quantidade de trabalho que todos os outros. Quando voltou para casa, seu senhor ficou muito contente em descobrir que Randall fora domado na sua ausência.

Capítulo III

Pouco depois, meu senhor se mudou para a cidade de St. Louis e comprou uma fazenda a seis quilômetros de distância, que colocou sob a supervisão de um feitor chamado Friend Haskell, um típico yankee da Nova Inglaterra. Os yankees são famosos por darem os feitores mais cruéis de todos.

Minha mãe foi alugada na cidade, e eu também fui alugado lá pelo Major Freeland, que mantinha uma taverna. Oriundo da Virgínia, ele estava envolvido com corridas de cavalo, rinhas de galos e jogos de azar e era um bêbado inveterado. Havia dez ou doze criados na casa e, quando ele estava presente, o lugar era uma balbúrdia e um pandemônio. Em seus acessos de fúria, ele atirava cadeiras nos criados; em seus momentos mais racionais, quando desejava castigar alguém, os amarrava e açoitava no defumadouro, então acendia uma fogueira com talos de tabaco para defumá-los. Isso que ele chamava de uma "*virginiada*".

Reclamei para o meu senhor do tratamento que recebia do Major Freeland, mas não fez diferença. Ele não dava nenhuma importância a isso, desde que recebesse o dinheiro pelo meu trabalho. Após morar com o Major Freeland por cinco ou seis meses, fugi e me escondi na floresta perto da cidade. Quando a noite caiu, me dirigi à fazenda do meu senhor, mas tive medo de ser avistado, sabendo que se o feitor, o Sr. Haskell, me achasse, eu seria arrastado de volta para o Major Freeland; assim, permaneci na floresta. Um dia, enquanto estava na floresta, ouvi cães ladrando e uivando, e logo eles se aproximaram tanto que reconheci os sabujos do Major Benjamin O'Fallon, que criava cinco ou seis cães para caçar escravos fugitivos.

Logo que me convenci de que eram eles, soube que a fuga seria impossível. Encontrei refúgio na copa de uma árvore e os cães logo a cercaram, e ali permaneceram até os caçadores chegarem, meia hora ou três quartos de hora depois. Dois homens acompanhavam os cães e, assim que chegaram, me mandaram descer. Eu desci e fui amarrado e levado à cadeia de St. Louis. O Major Freeland logo apareceu, me soltou e ordenou que eu o seguisse, o que fiz. Após voltarmos para casa, ele me amarrou no defumadouro e eu fui açoitado horrivelmente. Após o Major me castigar até se dar por satisfeito, ele mandou chamar Robert, seu filho, um jovem de dezoito ou vinte anos, para garantir que eu fosse defumado. Ele acendeu uma fogueira com talos de tabaco que logo me deixou tossindo e espirrando. Esse era o modo como seu pai lidava com seus escravos na Virgínia, Robert me contou. Após aplicarem o que consideravam uma defumada decente, fui desamarrado e colocado no trabalho mais uma vez.

Robert Freeland era "filho de peixe". Apesar de muito jovem, frequentemente chegava em casa embriagado.

Creio que hoje ele é o comandante popular de um barco a vapor no rio Mississippi. Os negócios do Major Freeland logo decaíram e eu fui colocado a bordo do vapor *Missouri*, que fazia a rota entre St. Louis e Galena. O comandante do navio era William B. Culver. Permaneci a bordo durante a temporada de navegação, a época mais agradável que havia vivenciado até então. Ao final do período, fui alugado pelo Sr. John Colburn, que mantinha o Missouri Hotel. Ele era oriundo de um dos Estados Livres, mas não acho que jamais pôs os pés nesta terra de Deus um inimigo mais inveterado dos negros. Na época, o hotel era um dos maiores da cidade e empregava vinte ou trinta criados, quase todos escravos.

O Sr. Colburn era muito perverso, e não apenas com os criados, mas com a esposa também, uma excelente mulher e uma pessoa da qual nunca observei um criado receber uma única palavra de rispidez, assim como nunca observei uma palavra de gentileza do marido. Entre os escravos empregados no hotel havia um chamado Aaron, que pertencia ao Sr. John F. Darby, um advogado. Aaron lavava as facas. Um dia, uma das facas foi colocada à mesa menos limpa do que poderia estar. Por essa ofensa, o Sr. Colburn atou Aaron no depósito de lenha e lhe deu cinquenta chibatadas nas costas nuas com um chicote de couro, e depois me fez lavar Aaron com rum. Isso pareceu deixá-lo em mais agonia do que as vergastadas. Depois que foi desamarrado, ele voltou para a casa do seu senhor e reclamou do tratamento que recebera. O Sr. Darby também não deu nenhuma atenção ao que ele tinha a dizer e o mandou de volta na mesma hora. Colburn, ao descobrir que Aaron fora reclamar para o seu senhor, o amarrou de novo e o castigou pior do que antes. As costas do pobre rapaz foram literalmente cortadas em pedacinhos, tanto que não teve como trabalhar pelos próximos dez ou doze dias.

Entre os criados havia também uma menina de nome Patsey cujo senhor morava no campo. Uma noite, o Sr. Colburn a amarrou e açoitou até que vários dos hóspedes apareceram para implorar que ele parasse. O motivo para o castigo era o seguinte. Ela estava noiva de um homem que pertencia ao Major William Christy, que residia seis ou sete quilômetros ao norte da cidade. O Sr. Colburn a proibira de ver John Christy. Supostamente, o motivo era o apreço que ele mesmo tinha por Patsey. Ela foi encontrá-lo naquela tarde e John voltou para casa com ela. O Sr. Colburn pretendia castigar John se ele passasse pelo cercado, mas este conhecia muito bem o temperamento do rival e se manteve a uma distância segura. Assim, ele extraiu sua vingança da pobrezinha. Se todos os capatazes do mundo fossem reunidos, não creio que se encontraria entre eles um homem mais cruel do que John Colburn, e este um nortista ainda por cima.

Enquanto eu morava no Missouri Hotel, ocorreu uma circunstância que me causou enorme infelicidade. Meu senhor vendeu minha mãe e todos os seus filhos, exceto por mim. Foram todos vendidos para pessoas diferentes na cidade de St. Louis.

Capítulo IV

Logo fui retirado das mãos do Sr. Colburn e alugado para Elijah P. Lovejoy, na época editor e proprietário do *St. Louis Times.* Nesse período, meu trabalho era principalmente na tipografia, atendendo os trabalhadores, manejando a prensa etc. O Sr. Lovejoy era um homem muito bom, absolutamente o melhor senhor que jamais tive. A ele mais do que ninguém, e ao meu emprego na tipografia, devo o pouco aprendizado que obtive na escravidão.

Apesar de haver quem considerasse que a escravidão era leve no Missouri, em comparação com os estados onde se cultiva algodão, açúcar e arroz, não há parte do nosso país escravista mais famoso pelo barbarismo dos seus habitantes do que St. Louis. Foi aqui que o Coronel Harney, oficial dos Estados Unidos, açoitou uma escrava até a morte. Foi aqui que Francis McIntosh, um negro livre de Pittsburgh, foi arrancado do vapor *Flora* e queimado na fogueira. Durante meus oito anos de residência na cidade, pude observar pessoalmente inúmeros casos de extrema crueldade; registrar todos eles ocuparia mais espaço do que jamais seria possível neste pequeno volume. Assim, apresentarei apenas mais alguns, além daqueles que já relatei.

O Capitão J. B. Brunt, que residia próximo ao meu senhor, tinha um escravo chamado John. Este era seu criado pessoal, cocheiro etc. Em uma ocasião, enquanto guiava seu senhor pela cidade, estando as ruas muito lamacentas e os cavalos galopando à velocidade, um pouco de lama respingou em um cavalheiro chamado Robert More. More estava decidido a se vingar. Três ou quatro meses após o ocorrido, ele comprou John com o objetivo expresso, disse ele, de "domar esse mal***o crioulo". Após a compra, ele o levou a um ferreiro, prendeu bola e corrente à sua perna e o colocou a guiar uma parelha de bois. John ficou preso no trabalho árduo até o ferro ao redor da sua perna desgastar tanto a carne que a mortificação parecia garantida. Além disso, John me contou que seu senhor o açoitou regularmente três vezes por semana pelos dois primeiros meses, e tudo isso para "domá-lo". Seria impossível encontrar em toda St. Louis um homem de aspecto mais nobre do que John antes de cair nas mãos de More; e uma criatura mais degradada e de espírito mais subjugado não se encontraria em qualquer fazenda sulista após ele ter sido sujeitado a esse processo de "domação" por três meses. Na última vez que o vi, ele havia perdido quase completamente o uso dos membros.

Enquanto morava com o Sr. Lovejoy, eu frequentemente era mandado aos escritórios do *Missouri Republican*, publicado pelo Sr. Edward Charles, para fazer pequenas tarefas. Uma vez, enquanto voltava para o escritório carregando tipos, fui acossado por vários meninos maiores, filhos de escravistas, que me atacaram com bolas de neve. Por estar carregando os tipos pesados nas mãos, eu não podia correr deles, então coloquei os tipos no chão e reagi. Eles se reuniram ao meu redor, atirando pedras e pedaços de pau até me dominarem, e teriam me capturado se eu não tivesse saído em disparada. Com a minha retirada, eles se apossaram dos tipos, e eu não conseguia imaginar como recuperá-los. Sabendo que o Sr. Lovejoy era um homem muito benevolente, voltei para o escritório e expliquei para ele toda a situação. Ele me mandou permanecer onde estava, recrutou um dos aprendizes e foi atrás dos tipos. Ele logo retornou com o material, mas na volta me informou que Samuel McKinney lhe dissera que pretendia me açoitar, pois eu havia machucado seu filho. Logo depois, um dos tipógrafos avistou McKinney se dirigindo ao escritório e me avisou, permitindo que eu fugisse pela porta dos fundos.

Como eu não estava lá quando chegou no escritório, McKinney saiu enfurecido, jurando que me açoitaria até a morte. Alguns dias depois, enquanto eu caminhava pela Rua Principal, ele me agarrou pela gola e me deu cinco ou seis bengaladas violentas na cabeça, fazendo com que o sangue jorrasse do meu nariz e das minhas orelhas de tal forma que minhas roupas ficaram completamente saturadas de sangue. Após me espancar o quanto quis, ele me soltou. Eu voltei para o escritório tão enfraquecido com a perda de sangue que o Sr. Lovejoy me mandou para casa, de volta para o meu senhor. Cinco semanas se passaram antes que eu voltasse a caminhar. Durante esse período, foi necessário que alguém me substituísse no escritório, então perdi meu emprego.

Depois que me recuperei, fui alugado pelo Capitão Otis Reynolds como camareiro de bordo do vapor *Enterprize*, de propriedade dos senhores John e Edward Walsh, agentes comerciais de St. Louis. Na época, o navio trafegava no Alto Mississippi. Minha função a bordo era atender cavalheiros e, como o capitão era um bom homem, a posição me agradava; mas ao estar sempre de um lugar para outro, vendo rostos novos todos os dias, e sabendo que eles podiam ir aonde bem entendessem, logo fiquei infeliz. Várias vezes, pensei em desembarcar em algum lugar e tentar uma fuga para o Canadá, onde sempre ouvira falar que os escravos podiam viver, ser livres e ficar protegidos.

Mas sempre que essas ideias me ocorriam, minha determinação logo era abalada pela memória de minha cara mãe, ainda escrava em St. Louis, e eu não suportava a ideia de deixá-la naquela situação. Tantas vezes ela me sentara no joelho e contara como me carregara nas costas quando eu era bebê enquanto trabalhava no eito, chegando a ser frequentemente castigada por deixar o trabalho para me amamentar, como eu parecia feliz quando ela me pegava no colo. Quando lembrava disso, decidia nunca abandonar a terra da escravidão sem minha mãe. Eu pensava que deixá-la na escravidão, após tudo o que ela passara e sofrera por mim, seria renegar tudo o que devia a ela.

Além disso, eu tinha três irmãos e uma irmã na cidade (dois dos meus irmãos haviam morrido).

Minha mãe, meus irmãos Joseph e Millford e minha irmã Elizabeth pertenciam ao Sr. Isaac Mansfield, oriundo de um dos Estados Livres (Massachusetts, creio). Funileiro por profissão, ele comandava uma grande manufatura. De todos os meus parentes, minha mãe era a primeira, minha irmã a segunda. Uma tarde, enquanto as visitava, fiz alguma alusão à minha proposta de viajar para o Canadá. Minha irmã se sentou ao meu lado, tomou minhas mãos nas suas e, com os olhos cheios de lágrimas, disse:

— Meu irmão, você não vai abandonar mamãe aqui, e sua querida irmã também, sem um amigo sequer no mundo, vai?

Eu olhei no seu rosto banhado em lágrimas e caí em prantos também.

— Não, eu nunca hei de desertar você e mamãe.

Ela apertou minhas mãos e disse:

— Meu irmão, você sempre declara que não vai terminar seus dias na escravidão. Não consigo imaginar nenhum jeito possível de escapar conosco; e agora, irmão, você está em um barco a vapor, onde tem alguma chance de fugir para a terra da liberdade. Por favor, não se prenda por nós. Se não pudermos obter a nossa liberdade, não queremos ser nós o motivo para impedi-lo de conquistar a sua.

Eu não conseguia mais conter meus sentimentos, e quando os extravasei ela deixou de tocar no assunto. Contrário aos desejos delas, jurei para mim mesmo que não as deixaria nas mãos do opressor. Parti de volta para o navio e deitei no meu catre, mas "o sono fugiu dos meus olhos e o repouso das minhas pálpebras".

Algumas semanas depois, na nossa passagem para o Sul, uma turma de escravos embarcou em Hannibal, com destino ao mercado em Nova Orleans. A turma era composta por cinquenta ou sessenta homens e mulheres de dezoito a quarenta anos. Uma turma de escravos em um navio a vapor sulista, indo em direção às regiões do algodão e do açúcar, é uma ocorrência tão comum que ninguém, nem mesmo os passageiros, parecia notar, apesar das correntes retinirem com cada passo que davam. Contudo, havia um membro dessa turma que chamava a atenção dos passageiros e da tripulação. Era uma linda menina, aparentando vinte anos de idade, perfeitamente branca, com cabelo claro e liso e olhos azuis. Mas não era a brancura da sua pele que causava sensação em quem a avistava, era sua beleza praticamente ímpar. A bordo, não demorou para que atraísse os olhos de todos os passageiros, incluindo as damas, e que o assunto de todas as conversas fosse a linda escrava. Ela não estava acorrentada. O homem que reclamava para si esse artigo de mercadoria humana era um tal Sr. Walker, um famoso traficante de escravos que residia em St. Louis. Entre passageiros e tripulação, havia uma ânsia geral pela história da menina. Seu senhor a mantinha sempre junto de si, e teria sido considerado impudente da parte dos passageiros se dirigir a ela, enquanto os tripulantes ficavam proibidos de conversar com eles o mínimo que fosse. Quando chegamos a St. Louis, os escravos foram transferidos para um barco com destino a Nova Orleans, então o histórico dessa bela escrava permaneceu um mistério.

Continuei a bordo durante a temporada, e não raro tínhamos no navio turmas de escravo a caminho das fazendas de algodão, açúcar e arroz do Sul.

Na segunda metade do verão, o Capitão Reynolds deixou o barco e eu fui mandado para casa. A seguir, fui mandado para trabalhar na fazenda sob o Sr. Haskell, o feitor. Como eu estava longe do campo havia algum tempo, e desacostumado a trabalhar sob o sol escaldante, foi muito difícil, mas fui forçado a acompanhar o ritmo dos melhores escravos.

Descobri que havia uma enorme diferença entre o trabalho na cabine de um navio a vapor e o trabalho em um milharal.

Meu senhor, que estava morando na cidade, logo se mudou para a fazenda, então eu fui retirado do campo e levado para trabalhar de atendente na casa grande. Sua esposa era rabugenta e difícil de agradar, mas eu muito preferia estar sob o seu controle do que do feitor. Eles levaram consigo o Sr. Sloane, um ministro presbiteriano; a Srta. Martha Tulley, sua sobrinha do Kentucky; e William, seu sobrinho. O último frequentava a família havia vários anos, mas os outros eram recém-chegados.

O Sr. Sloane era um ministro jovem, estava no Sul havia muito pouco tempo e parecia que todo o seu objetivo de vida era agradar os escravistas, especialmente meu senhor e minha senhora. Ele pretendia visitá-los durante o inverno e não só tentou agradá-los, creio que foi admiravelmente bem-sucedido. Quando eles queriam música, ele cantava; quando queriam orações, rezava; quando queriam uma história, contava. Em vez de ensinar teologia ao meu senhor, meu senhor ensinou teologia a ele. Enquanto estava com o Capitão Reynolds, meu senhor havia "descoberto a religião", então havia novas leis na fazenda. Antes, aos domingos, tínhamos o privilégio de caçar, pescar, fabricar vassouras e cestos etc., mas tudo isso parou. Agora, todos os domingos éramos forçados a participar de cultos. Nosso senhor era tão religioso que convenceu outros a se juntar a ele para contratar um pastor a fim de pregar para os escravos.

Capítulo V

Meu senhor fazia a família orar de manhã e à noite. À noite, os escravos eram chamados para participar; pelas manhãs, no entanto, eles precisavam estar no trabalho, então o senhor cuidava de todas as orações. Meu senhor e minha senhora eram grandes entusiastas do *mint julep*,[1] e todas as manhãs se preparava uma jarra cheia, da qual eles bebiam livremente, incluindo o jovem William. Depois que todos bebiam com gosto, eles faziam as orações da família e então o desjejum. Não posso negar que amava o *julep* tanto quanto eles, e durante as orações sempre tomava cuidado para me sentar perto da mesa onde a jarra ficava para me servir enquanto eles se ocupavam das suas devoções. Quando eles terminavam de rezar, ninguém estava mais feliz do que eu. Uma manhã, ocorreu um acidente triste. Enquanto me servia e ficava de olho na minha velha senhora ao mesmo tempo, acidentalmente deixei a jarra cair no chão, que se despedaçou toda, e derramou a bebida. Foi um mau bocado para mim; assim que as orações terminaram, fui levado e castigado duramente.

---

1. Coquetel tradicional do sul dos EUA à base de bourbon, hortelã, xarope e gelo triturado.

A família do meu senhor era constituída por ele, pela esposa e pelo sobrinho, William More, que fora adotado quando tinha poucas semanas. Como ele e eu tínhamos o mesmo nome, o meu foi alterado para dar precedência ao dele, apesar de eu ser dez ou doze anos mais velho. Como a fazenda ficava a seis quilômetros da cidade, eu precisava guiar a família até a igreja. Eu sempre odiava a chegada do domingo, pois, durante o culto, era forçado a ficar junto aos cavalos, sob o sol escaldante ou então na chuva, dependendo do dia.

Um domingo, enquanto passávamos pela casa de D. D. Page, um cavalheiro proprietário de uma grande padaria, eu estava sentado na boleia, que ficava bastante elevada, quando vi o Sr. Page perseguindo um escravo pelo jardim, estalando um chicote comprido e acertando-o com cada salto. O homem logo fugiu do quintal, seguido pelo Sr. Page. Eles passaram correndo por nós e, quando o escravo percebeu que seria alcançado, parou de repente. Page tropeçou nele e caiu nas pedras da calçada, quebrando uma das pernas e ficando aleijado pelo resto da vida. O mesmo cavalheiro, pouco tempo antes, havia amarrado Delphia, uma de suas mulheres, e a açoitado quase até a morte; contudo, ele era também diácono da igreja batista e em boa situação com todos. Pobre Delphia! Eu a conhecia bem e fui chamado para visitá-la na sua convalescença; nunca hei de me esquecer do seu estado. Ela pertencia à mesma igreja que o seu senhor.

Logo depois disso, fui alugado pelo Sr. Walker, o mesmo homem que mencionei que carregava turmas de escravos rio abaixo no vapor *Enterprize*. Ao me encontrar no posto de camareiro de bordo, e acreditando que eu seria a pessoa certa para cuidar dos escravos, ele decidiu me empregar para esse propósito; quando descobriu que meu senhor não estava disposto a me vender, ele me alugou pelo período de um ano.

Quando descobri que fora alugado para um especulador de negros, ou "traficante de almas", como os escravos costumavam chamá-los, ninguém seria capaz de imaginar minha emoção. O Sr. Walker oferecera um preço alto por mim, como viria a descobrir, mas imagino que meu senhor não podia me vender, pois eu e ele éramos parentes próximos. Quando fui trabalhar para o Sr. Walker, descobri que minha chance de fugir para a terra da liberdade passara, pelo menos por ora. Ele tinha uma turma de escravos pronta para Nova Orleans, e em poucos dias nossa jornada começou. Não tenho palavras para expressar meus sentimentos naquela ocasião. Apesar do meu senhor ter dito que não havia me vendido, e o Sr. Walker ter dito que não me comprara, eu não acreditava neles; foi só após visitar Nova Orleans e estar a caminho de volta que acreditei que não havia sido vendido.

O navio tinha um salão grande no convés inferior onde os escravos eram mantidos, homens e mulheres, promiscuamente. Eles ficavam acorrentados aos pares, sob vigilância constante para garantir que não se soltassem;

já ocorreram casos de escravos soltarem suas correntes e fugirem nos desembarcadouros, quando os navios param para carregar madeira. Apesar de todo o nosso cuidado, perdemos uma mulher que havia sido tirada do marido e dos filhos; como não desejava viver sem eles, com a alma agonizando, ela saltou pela borda fora e se afogou. Ela não estava acorrentada.

Era quase impossível manter aquela parte do barco limpa.

Ao atracar em Natchez, os escravos foram todos levados para o barracão,[2] onde foram mantidos por uma semana, durante a qual vários foram vendidos. O Sr. Walker alimentava bem seus escravos. Em St. Louis, carregamos várias centenas de quilos de toicinho defumado e farinha de milho, e seus escravos se alimentavam melhor do que o normal em Natchez, até onde pude observar.

Ao final da semana, partimos para Nova Orleans, nosso destino final, onde chegamos após dois dias. Lá, os escravos foram colocados em um barracão, onde aqueles que desejavam comprá-los podiam examiná-los. O barracão era um pátio pequeno, cercado de edifícios, de cinco a sete metros de largura, com exceção de um portão com grades de ferro. Os escravos eram mantidos nos edifícios durante a noite e mandados para o pátio durante o dia. Depois que os melhores eram negociados em vendas

---

2. No original, *slave-pen*. Termo usado na literatura antiescravista para referir-se ao edifício que servia de loja para a venda dos escravizados, mas que também possuía elementos de prisão (grades e algemas) para o confinamento dos cativos.

privadas no barracão, o resto era levado ao Exchange Coffee House Auction Rooms, estabelecimento comercial de Isaac L. McCoy, e leiloado para o público. Após a venda desse lote de escravos, partimos de volta para St. Louis.

Capítulo VI

Quando cheguei em St. Louis, fui ver o Dr. Young e disse que não queria mais ficar com o Sr. Walker. Estava desgostoso de ver criaturas como eu sendo compradas e vendidas, mas o doutor havia me cedido por um ano, então eu precisava continuar. O Sr. Walker começou a comprar outra turma de escravos. Ele adquiriu um homem do Coronel John O'Fallon, que morava nos subúrbios. Esse homem tinha mulher e três filhos. Assim que a compra foi finalizada, ele foi colocado em custódia na cadeia até estar pronto para a viagem a Nova Orleans. Sua esposa o visitou lá várias vezes, e várias vezes, quando chegou à cadeia para a visita, foi proibida de entrar.

O Sr. Walker levou oito ou nove semanas para compor sua carga de carne humana. Esse lote incluía um certo número de homens e mulheres mais velhos, alguns com cachos grisalhos. Partimos de St. Louis no vapor *Carlton*, do Capitão Swan, com destino a Nova Orleans. No caminho, e antes de chegarmos a Rodney, onde faríamos nossa primeira parada, precisei preparar os escravos idosos para o mercado. Minha ordem foi raspar as barbas e bigodes dos velhos e arrancar os cabelos grisalhos quando estes não eram por demais numerosos; caso contrário, ele possuía uma mistura de graxa preta e um pincel para aplicá-la. A tarefa era novidade para mim, e realizada em um quarto onde os passageiros não teriam como nos ver. O Sr. Walker também ensinava a esses escravos sua nova idade e, após o processo de engraxamento, eles pareciam dez ou quinze anos mais jovens. Tenho certeza de que alguns daqueles que compraram escravos do Sr. Walker foram vítimas de uma trapaça terrível, especialmente quanto à idade dos escravos adquiridos.

Atracamos em Rodney e os escravos foram levados para um barracão no fundo do vilarejo. Vários foram vendidos ali mesmo, durante nossa estadia de quatro ou cinco dias, antes de procedermos para Natchez. Atracamos nessa cidade à noite e a turma foi colocada em um armazém até a manhã, quando foi levada para o barracão. Assim que os escravos eram colocados nesses barracões, um enxame de fazendeiros aparece ao seu redor. Eles sabiam quando Walker iria chegar, pois este sempre anunciava de antemão quando estaria em Rodney, Natchez e Nova Orleans. Esses eram os principais locais onde colocava à venda os seus escravos.

Na minha segunda vez em Natchez, vi um escravo ser açoitado cruelmente. Ele pertencia ao Sr. Broadwell, um mercador que possuía uma loja no cais. O nome do escravo era Lewis. Eu o conhecia havia vários anos, pois ele era oriundo de St. Louis. Estávamos esperando o vapor que iria nos levar para Nova Orleans e o Sr. Walker me mandou até o cais para ficar de vigia e avisá-lo quando este chegasse. Enquanto estava lá, fui até a loja visitar Lewis. Vi um escravo na loja e perguntei onde estava Lewis.

— Estão com Lewis pendurado entre o Céu e a terra.

Perguntei o que ele queria dizer com isso e ele me respondeu para ir até o armazém para ver. Entrei e encontrei Lewis amarrado a uma viga, os dedos dos pés mal encostando no chão. Como não havia mais ninguém no armazém, perguntei qual o motivo de ele estar naquela situação. Ele disse que o Sr. Broadwell havia vendido sua esposa para um fazendeiro a dez quilômetros da cidade e que ele fora visitá-la; que fora à noite, esperando voltar antes do sol raiar, e que fora sem a permissão do seu senhor. Uma patrulha o apanhara antes de alcançar a esposa. Ele foi colocado na cadeia e seu senhor teve que pagar pela captura e a custódia, e era por isso que estava amarrado.

Assim que ele terminou a história, o Sr. Broadwell entrou e perguntou o que eu estava fazendo lá. Eu não sabia o que dizer e, enquanto pensava em uma resposta, ele me acertou na cabeça com o chicote. A ponta acertou acima do meu olho direito e cravou na carne, deixando uma cicatriz que tenho até hoje. Antes da minha visita, Lewis havia recebido cinquenta chibatadas, e o Sr. Broadwell deu outras cinquenta depois que saí, como o próprio Lewis me informaria posteriormente.

No dia seguinte partimos para Nova Orleans, e a turma foi colocada no mesmo barracão que havíamos ocupado da outra vez. Não demorou para os fazendeiros descerem sobre o barracão para comprar escravos. Antes de serem expostos à venda, os escravos foram vestidos e levados para o pátio. Alguns foram colocados a dançar, alguns a pular, alguns a cantar e alguns a jogar cartas. O objetivo era fazer com que parecessem alegres e felizes. Meu dever era garantir que eles estariam nessas situações antes da chegada dos compradores, e muitas vezes os pus a dançar enquanto seus rostos ainda estavam úmidos de lágrimas. Como a procura pelos escravos era forte na época, logo todos foram vendidos e estávamos de volta a caminho de St. Louis.

Quando chegamos, o Sr. Walker adquiriu uma fazenda a oito ou nove quilômetros da cidade. Ele não tinha família, mas colocou uma das suas escravas de governanta. Pobre Cynthia! Eu a conhecia bem. Ela era uma quadrarona e uma das mulheres mais lindas que jamais vi. Nativa de St. Louis, tinha uma personalidade irrepreensível em termos de virtude e boa conduta. O Sr. Walker a comprara para o mercado de Nova Orleans e a levara consigo em uma das viagens que fiz com ele. Nunca esquecerei as circunstâncias daquela viagem! Na primeira noite a bordo do vapor, ele me mandou colocá-la no camarote particular que adquirira para ela, longe dos outros escravos. Eu havia testemunhado o funcionamento da escravidão por tempo demais para não saber o que isso queria dizer. Assim, eu o assisti entrar no camarote e fiquei escutando o que se passou entre eles. Eu ouvi ele fazer ofertas vis, que ela rejeitou. Ele disse que se ela aceitasse suas propostas sórdidas, ele a levaria consigo de volta para St. Louis e a colocaria de governanta da fazenda. Se persistisse em rejeitá-las, no entanto, ele a venderia para ser escrava de eito na pior fazenda do rio. Como nem ameaças nem suborno tiveram sucesso, entretanto, ele se retirou, desenganado da sua presa.

Na manhã seguinte, a pobre Cynthia me contou o que se passara e pranteou sua triste sina com uma enxurrada de lágrimas. Eu a reconfortei e encorajei o quanto pude, mas sabia muito bem qual haveria de ser o resultado. Sem entrar em mais detalhes, basta dizer que Walker cumpriu a sua parte do contrato na época. Ele a levou de volta para St. Louis e a estabeleceu como sua senhora e governanta da fazenda; antes da minha partida, ele havia tido dois filhos com ela. Mas, cuidem o resultado! Desde a minha chegada ao Norte, fui informado de fonte segura que Walker havia se casado e, como precaução, vendera a pobre Cynthia e seus quatro filhos (ela teve outros dois desde que eu fui embora)!

Ele logo começou a comprar membros para uma terceira turma. Tomamos um vapor até Jefferson City, uma cidade no Rio Missouri. Lá atracamos e tomamos uma diligência para o interior do estado. Ele comprou vários escravos enquanto passava por diversas fazendas e vilarejos. Após adquirir vinte e dois ou vinte e três homens e mulheres, chegamos a St. Charles, uma vila nas margens do Missouri. Lá ele comprou uma mulher com um bebê de colo que parecia ter quatro ou cinco semanas de idade.

Estávamos viajando por terra havia alguns dias e esperávamos encontrar nesse local um navio para St. Louis, mas nos desiludimos. Como o próximo navio ainda demoraria alguns dias, partimos para St. Louis por terra. O Sr. Walker havia comprado dois cavalos. Ele montava um, eu o outro. Os escravos foram acorrentados e então começamos a marcha, com o Sr. Walker na dianteira e eu na retaguarda. A distância era de menos de trinta quilômetros, mas não a completamos no primeiro dia. Jamais encontrei uma estrada em pior condição do que aquela.

Logo depois que partimos de St. Charles, o bebê começou a ficar muito irritado e choramingou durante quase todo o dia. O Sr. Walker reclamou do choro várias vezes e disse à mãe que se ela não parasse com aquele mal***o barulho, ele iria. A mulher tentou fazer com que a criança parasse de chorar, mas não conseguiu. Passamos a noite com um conhecido do Sr. Walker e, pela manhã, quando estávamos prestes a sair, a criança recomeçou o choro. Walker foi até a mãe e mandou que lhe entregasse o bebê. A mãe obedeceu, trêmula. Ele pegou a criança por um braço, como se pegaria um gato pela perna, entrou na casa e disse para a dona da casa:

— Senhora, estou lhe dando esse crioulinho de presente, ele grita tanto que não aguento mais.

— Obrigado, senhor — disse a senhora.

A mãe, assim que viu que o filho seria deixado para trás, correu para o Sr. Walker e caiu de joelhos, implorando para ficar com a criança.

— Ai, meu filho! Meu filho! — ela gemia, agarrada à suas pernas. — Senhor, deixa eu ficar com o meu filho! Por favor, por favor, por favor! Eu vou parar com o choro, só me deixa ficar com ele.

Quando vi a mulher chorando tão pateticamente pelo filho, um calafrio correu pelo meu corpo, uma sensação quase de terror. Na minha imaginação, fico imaginando o lamento dela por aquele bebê:

> O, master, let me stay to catch
> My baby's sobbing breath,
> His little glassy eye to watch,
> And smooth his limbs in death,
>
> And cover him with grass and leaf,
> Beneath the large oak tree:
> It is not sullenness, but grief,—
> O, master, pity me!
>
> The morn was chill—I spoke no word,
> But feared my babe might die,
> And heard all day, or thought I heard,
> My little baby cry.
>
> At noon, oh, how I ran and took
> My baby to my breast!
> I lingered—and the long lash broke
> My sleeping infant's rest.
>
> I worked till night—till darkest night,
> In torture and disgrace;
> Went home and watched till morning light,

To see my baby's face.

Then give me but one little hour—
O! do not lash me so!
One little hour—one little hour—
And gratefully I'll go.[1]

O Sr. Walker ordenou que ela se juntasse aos outros escravos. As mulheres que tinham filhos não eram acorrentadas, mas as que não tinham, eram. Assim que a criança foi alienada, a mãe foi acorrentada à turma.

Muito ouvi a canção a seguir de escravos prestes a serem levados para o Sul. Diz-se que foi composta por um escravo.

See these poor souls from Africa
Transported to America;
We are stolen, and sold to Georgia,
Will you go along with me?

---

1. Tradução: "Senhor, deixa-me recuperar/ O fôlego soluçante do meu bebê,/ Cuidar do seu olhinho nublado,/ E alisar seus membros na morte,// E cobri-lo com grama e folhagem/ Sob o grande carvalho:/ Não é teimosia, é pesar;/ Ó, senhor, tenha piedade de mim!// A manhã estava fria, eu não disse nada,/ Mas temia que meu bebê morresse,/ E ouvi todo o dia, ou achei que ouvi,/ Meu bebezinho chorar.// Ao meio-dia, ah, corri e levei/ Meu bebê ao peito!/ Eu me detive, e o chicote interrompeu/ O repouso do meu bebê.// Trabalhei até a noite, a noite mais sombria,/ Torturada e desgraçada;/ Voltei para casa e fiquei acordada até a aurora/ Para ver o rosto do meu bebê.// Então me dê só uma hora;/ Ai! Não me açoite assim!/ Uma horinha, uma horinha,/ E agradecida irei." Adaptado de *The Slave and her Babe*, poema de Charlotte Elizabeth Tonna (1790–1846), publicado por George W. Clark em *The Liberty Minstrel* (1844).

We are stolen, and sold to Georgia,
Go sound the jubilee!

See wives and husbands sold apart,
Their children's screams will break my
[heart;–
There's a better day a coming,
Will you go along with me?
There's a better day a coming,
Go sound the jubilee!

O, gracious Lord! when shall it be,
That we poor souls shall all be free;
Lord, break them slavery powers–
Will you go along with me?
Lord, break the slavery powers,
Go sound the jubilee!

Dear Lord, dear Lord, when slavery'll cease,
Then we poor souls will have our peace;–
There's a better day a coming,
Will you go along with me?
There's a better day a coming,
Go sound the jubilee![2]

---

2. Tradução: "Veja essas pobres almas da África,/ Transportadas para a América;/ Fomos roubados e vendidos para a Geórgia,/ Irás me acompanhar?/ Fomos roubados e vendidos para a Geórgia,/ Soai o jubileu!// Veja mulheres e maridos vendidos e separados,/ Os gritos dos seus filhos vão partir meu coração;/ Um dia melhor está por vir,/ Irás me acompanhar?/ Um dia melhor está por vir,/ Soai o jubileu!// Senhor cheio de graça! quando será/ Que nós, pobres almas, seremos livres;/ Senhor, destrua os poderes da escravidão;/ Irás me

Finalmente chegamos à fazenda do Sr. Walker. Em nossa ausência, ele mandara construir uma casa para colocar os escravos. Era uma espécie de cadeia doméstica. Os escravos eram colocados na cadeia à noite e trabalhavam na fazenda durante o dia. Eles eram mantidos ali até a turma estar completa, quando mais uma vez partimos para Nova Orleans, desta vez a bordo do vapor *North America*, do Capitão Alexander Scott. Tínhamos uma grande quantidade de escravos nessa turma. Um, pelo nome de Joe, o Sr. Walker estava treinando para ocupar o meu lugar, pois meu tempo estava quase esgotado, o que muito me agradava. Fizemos nossa primeira parada em Vicksburg, onde permanecemos uma semana e vendemos vários escravos.

O Sr. Walker não era um bom senhor, mas não castigara nenhum escravo desde que eu fora trabalhar para ele, apesar de ter me ameaçado. Os escravos eram mantidos no barracão e ele sempre se hospedava nos melhores hotéis, com vinhos no seu quarto para receber aqueles que o visitavam para negociar a compra dos escravos. Um dia, enquanto estávamos em Vicksburg, vários cavalheiros vieram vê-lo com esse fim e, como sempre, o vinho foi pedido. Peguei a bandeja e comecei a servi-los, mas

---

acompanhar?/ Senhor, destrua os poderes da escravidão;/ Soai o jubileu!// Senhor, Senhor, quando a escravidão acabar,/ Então nós, pobres almas, teremos paz;/ Um dia melhor está por vir,/ Irás me acompanhar?/ Um dia melhor está por vir,/ Soai o jubileu!". Essa música é uma variação de *Song of the Coffle Gang*, publicada e musicada por George W. Clark em *The Liberty Minstrel* (1844). Wells Brown reproduz a sua versão em *The Anti-Slavery Harp; A Collection of Songs for Anti-Slavery Meetings* (1849) com a mesma nota de Clark.

como acidentalmente enchera demais algumas das taças, os cavalheiros respingaram vinho nas suas roupas quando foram beber. O Sr. Walker se desculpou pela minha desatenção, mas me lançou um olhar que dizia que voltaríamos àquele assunto.

Depois que os cavalheiros foram embora, ele me perguntou o que eu queria com aquele descuido e disse que cuidaria de mim. Na manhã seguinte, ele me deu um bilhete para levar ao carcereiro e um dólar em dinheiro para o homem. Suspeitando que havia algo de errado, fui até o cais e procurei um marinheiro. Perguntei a ele se me faria o favor de ler o que o bilhete dizia. Ele leu o papel e então olhou para mim. Pedi que me informasse o que dizia.

— Você vai levar uma surra.

— Por quê? — perguntei.

— Esse bilhete diz que é para açoitá-lo e que você tem um dólar para pagar pelo serviço.

Ele me entregou o bilhete de volta e eu fui embora. Eu não sabia o que fazer, mas estava decidido a não ser açoitado. Fui até a cadeia, dei uma olhada e me afastei de novo. Como o Sr. Walker conhecia o carcereiro, eu temia que se descobrisse que eu não havia ido até a cadeia, a consequência seria um tratamento ainda pior.

Enquanto meditava sobre o assunto, apareceu um homem de cor mais ou menos do mesmo tamanho que eu, então tive a ideia de mandá-lo para a cadeia com o meu bilhete. Fui até ele e perguntei quem era o seu dono. Ele disse que era livre e que estava na cidade havia pouco tempo. Contei que tinha um bilhete me mandando ir até a cadeia e pegar um baú para levar até um dos vapores, mas estava tão ocupado que não tinha como fazê-lo, apesar de ter um dólar para pagar pelo serviço. Ele me perguntou se eu não poderia repassar o serviço para ele. Entreguei o bilhete e o dólar e ele partiu em direção à cadeia.

Fiquei cuidando para confirmar que ele entrara na cadeia e, assim que vi a porta se fechar, virei a esquina e me posicionei, aguardando para descobrir em que estado meu amigo sairia dali. Não demorou para que um outro homem de cor virasse a esquina e comentasse para um conhecido, também negro:

— Estão surrando um crioulo na cadeia.

— Por quê?

— Um crioulo chegou na cadeia e pediu para ver o carcereiro — o primeiro continuou. — O carcereiro saiu, ele entregou um bilhete e disse que estava buscando um baú. O carcereiro mandou ele ir junto e disse que ia entregar o baú. Ele o levou até um quarto e mandou o crioulo entregar o dólar. Ele disse que um homem lhe dera o dólar para pagar pela entrega do baú, mas essa mentira não adiantou. Fizeram ele tirar a roupa, depois o amarraram e agora estão açoitando o rapaz.

Fiquei escutando essa conversa e logo descobri que a pessoa mencionada era o meu cliente. Fui até a rua no outro lado da cadeia e me escondi para que não pudesse ser visto por ninguém que saísse. Pouco tempo depois, o jovem rapaz apareceu, procurando por mim. Discretamente, saí do meu esconderijo atrás de uma pilha de tijolos, e, quando me viu, ele veio reclamar para mim, dizendo que eu o havia enganado. Neguei ter conhecimento sobre o que dizia o bilhete e perguntei o que havia acontecido. Ele me contou o mesmo que eu ouvira do homem que saíra da cadeia.

— Sim, eles me açoitaram e pegaram o meu dólar, e depois me deram este bilhete.

Ele me mostrou o bilhete que o carcereiro lhe dera, dizendo que devia entregá-lo para o seu senhor. Eu disse que daria cinquenta centavos pelo bilhete, que era todo o dinheiro que tinha. Ele me entregou e aceitou o dinheiro. Ele havia recebido vinte chibatadas nas costas nuas.

Peguei o bilhete e parti para o hotel onde havia deixado o Sr. Walker. Ao chegar, entreguei-o a um estranho que nunca vira antes e pedi que o lesse para mim. Até onde lembro, o texto era o seguinte:

Caro senhor: Seguindo suas instruções, dei ao seu menino vinte chibatadas. Ele é muito levado e quis me convencer que não pertencia ao senhor, de modo que caprichei no castigo por causa da mentira.

Continuo sempre,
Seu criado obediente.

É verdade que na maioria das cidades escravistas, quando um cavalheiro deseja que seus criados sejam castigados, ele pode mandá-los para a cadeia para isso. Antes de entrar onde o Sr. Walker estava, molhei minhas bochechas um pouco, como se tivesse chorado. Ele olhou para mim e perguntou qual era o problema. Respondi que nunca fora tão açoitado na vida e entreguei o bilhete. Ele olhou para o papel e deu uma risada.

— E você disse que não era meu.

— Sim, senhor — respondi. — Não sabia que tinha algum mal nisso.

Ele disse que eu deveria me comportar se não queria ser castigado de novo.

Esse incidente mostra como a escravidão transforma suas vítimas em mentirosos mesquinhos, vícios pelos quais ela os censura depois e usa como argumento para provar que não merecem sina melhor do que essa. Desde a minha fuga, muito lamentei e me arrependi profundamente do logro que perpetrei contra esse pobre rapaz; é meu desejo sincero que, um dia, esteja ao meu alcance ressarci-lo pela tortura que sofreu em meu nome.

Capítulo VII

Chegamos a Nova Orleans alguns dias depois, à noite, então permanecemos a bordo até a manhã seguinte. Nessa visita a Nova Orleans, eu vi um escravo ser morto; um relato do caso foi publicado por Theodore D. Weld, em seu livro *Slavery as it is* [A escravidão como ela é]. As circunstâncias foram as seguintes. À noite, entre sete e oito horas, um escravo veio correndo pelo dique, seguido de vários homens e meninos.

— Segurem esse crioulo! Segurem esse crioulo! — os brancos gritavam.

— Eu não roubei a carne! Eu não roubei a carne! — o pobre escravo repetia, arfando.

O pobre coitado buscou um último refúgio no rio. Os brancos que o perseguiam subiram a bordo de um dos barcos para procurá-lo. Finalmente, eles o avistaram sob a proa do vapor *Trenton*, pegaram um croque e tentaram expulsá-lo do esconderijo. Quando eles o atacavam, o homem mergulhava. A água estava tão fria que logo ficou evidente que ele iria se afogar se não saísse.

— Eu não roubei a carne, eu não roubei a carne — ele implorava e balbuciava enquanto tentavam tirá-lo de baixo da proa ou afogá-lo. – Meu senhor mora rio acima, quero ver meu senhor. Eu não roubei a carne. Deixem-me ir para casa ver meu senhor.

Após atacá-lo e acertar a sua cabeça algumas vezes, ele finalmente se afundou no rio e não emergiu novamente com vida.

O croque com o qual o atacaram tinha um gancho na ponta que prendeu na sua roupa, então o içaram até a proa do navio. Alguns diziam que ele estava morto, outros que estava fingindo, outros ainda desferiram chutes para que se levantasse. Nada adiantou; ele estava morto.

Assim que se convenceram disso, começaram a ir embora, um após o outro. Um dos marinheiros informou ao capitão que um homem havia sido morto e que o corpo estava caído no convés. O capitão apareceu no convés e se dirigiu àqueles que haviam sobrado:

– Vocês mataram esse crioulo, agora tirem ele do meu barco.

O nome do capitão era Hart. O cadáver foi arrastado até a margem e deixado ali. Fui a bordo do navio onde estava a nossa turma de escravos e minha mente passou toda a noite ocupada com a cena que assistira. No começo da manhã, fui à margem para ver se o corpo continuava lá. Encontrei-o na mesma posição em que fora deixado na noite anterior. Fiquei observando para ver o que fariam com ele. O corpo foi deixado ali até as oito ou nove horas, quando apareceu a carroça que recolhe o lixo. O corpo foi atirado nela e em poucos minutos foi coberto com a sujeira removida das ruas. Durante todo esse período, não vi mais de seis ou sete pessoas nas redondezas, e pelo seu comportamento ficava evidente que não viam nada de incomum no ocorrido.

Durante a nossa estadia na cidade, encontrei um jovem branco que conhecia bem em St. Louis. Ele fora vendido como escravo sob as seguintes circunstâncias. Seu pai era um bêbado, e muito pobre também, com uma família de cinco ou seis filhos. O pai morreu e a mãe precisou cuidar e sustentar dos filhos como fosse possível. O mais velho era um menino chamado Burrill, de cerca de treze anos, que fazia pequenos serviços na loja do Sr. Riley para ajudar a mãe no sustento da família. Após trabalhar com ele por dois anos, o Sr. Riley o levou a Nova Orleans para servi-lo durante a visita; quando voltou a St. Louis, ele disse à mãe que o menino havia morrido de febre amarela. Ninguém teve mais notícia dele, pois ninguém acreditava que estivesse vivo. Foi um espanto quando Burrill me contou a sua história. Por mais que me condoesse dele, eu não tinha como ajudá-lo. Éramos ambos escravos. Ele era pobre, sem educação e sem amigos; e se ainda vive, suponho que continua em cativeiro.

Após vender toda a carga de carne humana, voltamos a St. Louis, e meu tempo com o Sr. Walker se encerrou. Eu o servira por um ano, e foi o ano mais longo de toda a minha vida.

Capítulo VIII

Fui mandado para casa, feliz de deixar o serviço de alguém que arrancava maridos de mulheres, filhos de mães e irmãs de irmãos, mas uma provação mais severa e cruciante ainda me aguardava. Minha cara irmã fora vendida para um homem que ia para Natchez e estava na cadeia, aguardando a partida. Ela expressara a determinação de morrer antes de ser levada ao Sul extremo e fora colocada em custódia na cadeia. Fui à cadeia no mesmo dia que cheguei, mas o carcereiro estava ausente e não pude vê-la.

Voltei para a casa do meu senhor, no interior, e no primeiro dia após o meu retorno, ele foi até onde eu estava trabalhando e falou comigo educadamente. Pela sua aparência, eu sabia que havia algo de errado. Após conversar sobre as minhas várias jornadas até Nova Orleans com o Sr. Walker, ele me disse que suas finanças estavam complicadas e que, como havia vendido minha mãe e todos os seus filhos, exceto por mim, achava que seria melhor me vender do que qualquer outro; e que como eu estava acostumado a morar na cidade, acreditava que eu provavelmente preferiria essa situação à vida no campo. Ergui minha cabeça e olhei nos seus olhos. Quando nossos olhares se cruzaram, ele imediatamente baixou a cabeça. Após uma breve pausa, respondi:

— Senhor, minha mãe sempre diz que nós somos parentes próximos, e várias vezes ouvi o senhor admitir esse fato; e tendo alugado meus serviços e recebido, como uma vez ouvi o senhor dizer, novecentos dólares por isso, após receber tamanha soma, o senhor quer que eu seja levado para Nova Orleans ou algum outro lugar?

— Não, eu não pretendo vendê-lo para um traficante. Se eu quisesse fazer isso, poderia tê-lo vendido para o Sr. Walker por uma boa soma, mas eu não o venderia para um traficante. Você pode ir para a cidade e procurar um bom senhor.

— Mas não consigo encontrar um bom senhor em toda a cidade de St. Louis — respondi.

— Por quê? — ele perguntou.

— Porque não há bons senhores no estado.

— Eu não sou um bom senhor?

— Se fosse, não me venderia.

— Vou lhe dar uma semana para encontrar um senhor, com certeza vai ser tempo o suficiente.

O preço que meu senhor fixara por minha alma e meu corpo foi de meros quinhentos dólares. Eu tentei arranjar algum acordo pelo qual poderia comprar minha liberdade, mas ele se recusou a fazê-lo.

Parti para a cidade com o entendimento de que deveria voltar em uma semana com alguém disposto a ser meu novo senhor. Logo após chegar à cidade, fui até a cadeia para saber se poderia visitar minha irmã, mas não consegui entrar. A seguir, fui ver minha mãe, e ouvi dela que o dono da minha irmã pretendia partir para Natchez em alguns dias.

Fui até a cadeia no dia seguinte e o Sr. Simonds, o carcereiro, me deixou ver minha irmã pela última vez. Não seria possível oferecer uma descrição justa da cena naquela conversa de despedida. Nunca, jamais se apagará do meu coração os ocorridos daquele dia! Quando entrei no quarto onde ela estava, encontrei-a sentada em um canto, sozinha. Havia quatro outras mulheres no mesmo quarto, todas pertencentes ao mesmo homem, compradas, segundo ele, para o seu próprio uso. Ela estava sentada com o rosto virado para a porta pela qual eu entrara, mas não me olhou até que me aproximei. Assim que me observou, ela deu um salto, atirou os braços ao redor do meu pescoço, descansou a cabeça sobre o meu peito e, sem dizer uma só palavra, caiu em prantos. Logo que se recuperou o suficiente para falar, ela me aconselhou a pegar nossa mãe e tentar fugir da escravidão. Ela disse que não havia mais esperança para si, que ela iria viver e morrer uma escrava. Após dar alguns conselhos e tirar um anel do meu dedo e colocá-lo no seu, me despedi dela para sempre e voltei para a minha mãe. Naquele instante, tomei a decisão de partir para o Canadá assim que possível.

Eu estava na cidade havia quase dois dias, e como deveria me ausentar do trabalho por apenas uma semana, achei que seria melhor começar minha jornada assim que possível. Conversando com minha mãe, vi que ela não estava disposta a empreender a tentativa de chegar à terra da liberdade, mas me aconselhou a obter a minha própria libertação se pudesse. Ela disse que, como todos os seus filhos estavam na escravidão, não desejava abandoná-los. Eu não suportava a ideia de deixá-la entre aqueles piratas quando não havia nenhuma possibilidade de escapar deles. Após muito esforço, consegui persuadi-la a tentar uma fuga.

A hora combinada para a nossa partida foi a noite seguinte. Eu levava comigo o pouco dinheiro que recebera, de tempos em tempos, por fazer pequenas tarefas para alguns cavalheiros. Reuni meus parcos recursos e comprei um pouco de carne seca, bolachas e queijo, que levei para minha mãe, que havia arranjado uma sacola para levar os mantimentos. Ocasionalmente, lembrava do meu velho senhor e da minha missão na cidade de encontrar um substituto para ele. Esperava com máxima ansiedade a hora combinada para partir da terra da escravidão em busca da terra da liberdade.

O momento finalmente chegou; saímos da cidade assim que o relógio soou nove horas. Seguimos para o norte da cidade, onde eu estivera duas ou três vezes naquele dia, e selecionamos um esquife para atravessar o rio. O barco não era meu e eu não sabia a quem pertencia; também não me importava. O barco estava preso a uma pequena vara que, com a ajuda de barra, logo soltei do atracadouro.

Após procurar e achar uma prancha para usar de remo, me virei para a cidade e, com uma longa despedida, empurrei meu barco rio adentro. A correnteza era muito forte e ainda não havíamos chegado ao meio do rio quando passamos diretamente para o outro lado da cidade.

Logo chegamos às margens do Illinois e, saltando do barco, colocamo-lo à deriva; da última vez que o vi, ele descia o rio a uma boa velocidade. Tomamos a estrada principal para Alton e atravessamos a cidade ao nascer do sol, dirigindo-nos para a floresta, onde ficamos durante o dia. Nosso motivo para entrar na floresta é que esperávamos que o Sr. Mansfield (o homem que possuía minha mãe) começaria a perseguição assim que descobrisse sua ausência. Ele também sabia que eu estava na cidade à procura de um novo senhor, e achávamos que ele provavelmente iria até o meu senhor à procura de minha mãe; no processo, o Dr. Young poderia ser levado a suspeitar que eu fora ao Canadá atrás de um comprador.

Permanecemos na floresta durante o dia, mas assim que a escuridão encobriu a terra, recomeçamos nossa trilha sombria, a estrela do norte nossa única guia. Continuamos a viajar à noite e a nos ocultar na floresta durante o dia; e todas as noites, antes de emergirmos do nosso esconderijo, procurávamos ansiosamente nossa guia, nossa cara amiga, a estrela do norte.

Capítulo IX

Viajando em direção à terra da liberdade, às vezes meu coração dava saltos de alegria. Outras, por estar quase constantemente na caminhada, eu sentia que não conseguiria mais continuar. Mas quando pensava na escravidão, com suas chibatas democratas, suas correntes republicanas, seus sabujos evangélicos e seus escravistas religiosos, quando pensava em toda a parafernália da Religião e da Democracia americanas atrás de mim e na perspectiva da liberdade à minha frente, eu me encorajava a persistir, meu coração se fortalecia e eu esquecia que estava cansado ou faminto.

No oitavo dia da nossa jornada caiu uma chuva pesadíssima e, algumas horas depois que ela começou, não tínhamos um fio seco que fosse sobre nossos corpos. Isso deixou nossa jornada ainda mais desagradável. No décimo dia, estávamos absolutamente desprovidos de mantimentos e não imaginávamos como poderíamos obter mais. Finalmente, decidimos parar em alguma fazenda e tentar arranjar algo de comer. Assim que decidimos fazê-lo, fomos até uma casa e pedimos um pouco de comida. Fomos tratados com muita bondade; não só ganhamos algo para comer, também nos deram provisões para levarmos conosco. Eles nos aconselharam a viajar de dia e descansar à noite. Como já estávamos a 230 quilômetros de St. Louis, concluímos que seria seguro viajar à luz do dia e não saímos da casa até a manhã seguinte. Naquele dia, atravessamos uma região densamente povoada e também um pequeno vilarejo. Fugíamos de uma terra de opressão, mas nossos corações continuavam lá. Minha querida irmã e dois irmãos amados haviam ficado para trás, e a ideia de abandoná-los para todo o sempre nos deixava tristes. Mas, apesar de toda essa tristeza no coração, a ideia de que um dia eu seria livre e chamaria meu corpo de meu era uma grande fonte de animação e fazia meu coração dar saltos de alegria. Eu estava dizendo à minha mãe que tentaria arranjar um emprego assim que chegasse ao Canadá, que pretendia comprar uma fazendinha para nós, que ganharia dinheiro o suficiente para comprar minha irmã e meus irmãos e como seríamos felizes em nosso lar livre quando três homens a cavalo apareceram e nos mandaram parar onde estávamos.

Voltei-me para aquele que parecia ser o líder e perguntei o que ele queria. Ele disse que tinha um mandado para nos capturar. Os três imediatamente desmontaram e um deles tirou do bolso um panfleto que nos declarava fugitivos e oferecia uma recompensa de duzentos dólares pela nossa apreensão e entrega na cidade de St. Louis. O anúncio fora publicado por Isaac Mansfield e John Young.

Enquanto liam o anúncio, minha mãe me olhou nos meus olhos e caiu em prantos. Um calafrio correu por mim, uma sensação tal que nunca tivera antes e que espero nunca ter de novo. Eles tiraram uma corda e me amarraram e então fomos levados cerca de dez quilômetros de volta, até a casa do indivíduo que parecia ser o líder. Chegamos lá perto das sete horas da noite, jantamos e fomos separados pelo resto da noite. Dois homens permaneceram comigo no quarto durante toda a noite. Antes de a família se retirar, todos foram chamados para fazer suas orações. O homem que poucas horas antes havia atado minhas mãos com uma corda agora lia um capítulo da Bíblia e oferecia suas preces, como se Deus sancionasse o ato que ele acabara de cometer contra um pobre escravo fugitivo e esbaforido.

Na manhã seguinte, um ferreiro veio me prender com um par de algemas e nós começamos nossa jornada de volta à terra do chicote, das correntes e das Bíblias. Minha mãe não foi amarrada, mas era vigiada de perto à noite. Fomos levados de volta em uma carroça e, após quatro dias de viagem, avistamos St. Louis ao longe. Não consigo descrever o que senti ao me aproximar daquela cidade.

Enquanto fazíamos a travessia, o Sr. Wiggins, proprietário da balsa, veio até mim e perguntou o que eu andara fazendo para estar acorrentado. Ele não ouvira falar que eu fugira. Em alguns minutos, estávamos no lado do Missouri e eu fui levado diretamente para a cadeia. No caminho, enxerguei vários dos meus amigos, que acenaram seu reconhecimento enquanto eu passava. Quando chegamos à cadeia, fomos trancados em alojamentos separados.

Capítulo X

Pouco após ser preso, informaram-me que meu senhor estava doente, e nada trouxe mais alegria para o meu coração do que receber essa notícia. Rezei ardorosamente por ele; não pela sua recuperação, mas pela sua morte. Eu sabia que ele ficaria contrariado por ter que pagar pela minha apreensão e, conhecendo a sua crueldade, eu o temia. Na cadeia, descobri que Elizabeth, minha irmã, que estava presa quando saímos da cidade, fora levada quatro dias antes da nossa chegada.

Poucas horas depois de chegar à cadeia, três traficantes de escravos, ao saber que eu fora preso daquela maneira por fugir, vieram até a prisão para me examinar, com a expectativa de que eu seria posto à venda. O Sr. Mansfield, o homem que possuía minha mãe, veio até a cadeia assim que o Sr. Jones, o homem que nos prendera, o informou que a trouxera de volta. Ele disse que não a castigaria e que, em vez disso, a venderia para um traficante ou a levaria ele mesmo para Nova Orleans. Após cerca de uma semana na cadeia, o senhor mandou um homem para me buscar e me levar para casa. Fui solto e levado de volta, onde encontrei o velho bem o suficiente para me receber sentado. Fui levado ao quarto onde ele estava e, assim que entrei, ele perguntou onde eu estivera. Eu disse que agira de acordo com as suas ordens. Ele me mandara procurar um senhor, e eu estava procurando. Ele respondeu que não havia me mandado procurar um novo senhor no Canadá. Eu disse que o havia servido fielmente e que pelos meus préstimos ele havia embolsado centenas e centenas de dólares, então achava que tinha direito à minha liberdade. Ele disse que prometera ao meu pai que eu não seria vendido para o mercado de Nova Orleans, ou para um traficante.

Mandaram-me trabalhar no eito, e eu era vigiado de perto pelo feitor durante o dia e preso à noite. No segundo dia no campo, o feitor me vergastou gravemente. Pouco tempo depois de chegar em casa, meu senhor se recuperou o suficiente para ir até a cidade; na volta, me informou que havia me vendido para Samuel Willi, dono de uma confecção. Eu conhecia o Sr. Willi, tendo morado com ele durante três ou quatro meses alguns anos antes, quando ele alugara meus serviços.

O Sr. Willi não era considerado um homem muito mau pelos seus criados, mas também não era o melhor dos senhores. Fui para a minha nova casa e descobri que minha nova senhora estava muito contente em me ver. O Sr. Willi já possuía dois criados antes de me comprar, Robert e Charlotte. Robert era um excelente caiador e alugava o seu próprio tempo do seu senhor, pagando um dólar por dia, além de cuidar de si mesmo. Ele era conhecido na cidade pelo nome de Bob Music. Charlotte era uma mulher idosa que cuidava da cozinha, lavava roupas, etc. O Sr. Willi não era um homem rico e não se sentia apto a manter tantos criados em casa, então logo decidiu alugar meus serviços; como eu estava acostumado a trabalhar em barcos a vapor, ele me deu o privilégio de encontrar emprego nesse ramo.

Logo obtive uma posição a bordo do vapor *Otto*, sob o Capitão J. B. Hill, que trafegava entre St. Louis e Independence, Missouri. O Dr. Young, meu antigo senhor, não informara o Sr. Willi que eu havia fugido, ou então este não teria permitido que eu subisse a bordo de um vapor. O barco ainda não estava pronto para zarpar, então tive que permanecer com o Sr. Willi. Contudo, durante esse período tive que enfrentar uma provação para a qual estava completamente despreparado. Minha mãe, presa desde o seu retorno, estava prestes a ser levada para Nova Orleans, para morrer em uma fazenda de algodão, cana-de-açúcar ou arroz!

Eu visitara a cadeia diversas vezes, mas não conseguira conversar com ela. Ainda assim, eu conseguira determinar o horário de partida do navio no qual ela iria embarcar. Como não via minha mãe desde que ela fora atirada na prisão, estava ansioso pelo momento da partida. Finalmente, chegara o dia em que poderia vê-la pela primeira vez desde a nossa separação tão dolorosa, e, até onde sabia, pela última vez neste mundo!

Cerca de dez horas da manhã, subi a bordo do navio e a encontrei na companhia de cinquenta ou sessenta outros escravos. Ela estava acorrentada à outra mulher. Quando me enxergou, imediatamente baixou a cabeça sobre o peito cansado. Ela não se mexeu, não chorou. Seus sentimentos eram profundos demais para as lágrimas. Eu cheguei mais perto, coloquei os braços em torno do seu pescoço, beijei-a e caí de joelhos, implorando o seu perdão, pois me considerava culpado pelo seu triste estado; se não a tivesse persuadido a me acompanhar, ela não estaria acorrentada naquele instante.

Ela finalmente ergueu a cabeça, me olhou nos olhos (com aquele olhar que somente um anjo seria capaz de dar!) e disse:

— Meu filho amado, não é culpa sua que estou aqui. Você não fez nada mais nada menos que o seu dever. Não chore por mim, eu imploro. Eu não vou durar muito em uma fazenda de algodão. Creio que meu Senhor Celeste logo há de me chamar para casa, e então vou estar livre das mãos dos escravistas!

Eu não aguentava mais; meu coração se debatia para se livrar da forma humana. Em um instante, ela avistou o Sr. Mansfield vindo em direção àquela parte do barco, então sussurrou no meu ouvido:

— Meu filho, logo vamos ter que nos despedir e não vamos mais nos encontrar neste lado do túmulo. Você sempre disse que não morreria escravo, que quer ser livre. Pois corra pela sua liberdade! Logo não vai ter ninguém para cuidar além de si mesmo!

Assim que cochichou essa última frase, Mansfield se aproximou de mim e começou a gritar e me chutar com suas botas pesadas.

— Saia já daqui neste instante, você me fez perder cem dólares para trazer essa vagabunda de volta!

Quando parti, ela deu um último grito:

— Vai com Deus!

Foi a última vez que a vi, e a última palavra que ouvi dos seus lábios.

Fui caminhando pela margem do rio. O sino estava tocando, o barco estava prestes a partir. Com um peso no coração, fiquei ali parado, assistindo ao navio desatracar. Pensando em minha mãe, só conseguia sentir que havia perdido:

> —the glory of my life,
> My blessing and my pride!
> I half forgot the name of slave,
> When she was by my side.[1]

---

1. Tradução: "— a glória da minha vida,/ Minha bênção e meu orgulho!/ Eu quase esquecia o nome de escravo/ Quando ela estava ao meu lado." Paráfrase de *The Bereaved Father*, de Elizabeth Margaret Chandler (1807–1834), publicada no jornal abolicionista *The Genius of Universal Emancipation*, nº 12, vol. 1, Terceira Série, março de 1831.

Capítulo XI

O amor à liberdade que ardia em meu seio havia quase se apagado. Eu me sentia preparado para morrer. O navio se afastou gentilmente do cais, e enquanto ele planava rio abaixo, percebi que minha mãe realmente:

> Gone, —gone, —sold and gone
> To the rice swamp dank and lone![1]

Quando o navio sumiu de vista, voltei para casa, mas minha mente estava absorta no que testemunhara e eu não sabia o que estava acontecendo no mundo metade do tempo. A noite caiu, mas não trouxe sono aos meus olhos.

Alguns dias depois, o navio no qual eu deveria trabalhar estava pronto, então embarquei para começar. Esse emprego me agradava mais do que morar na cidade, então permaneci a bordo até quase o início da navegação; não que o período tenha sido agradável em qualquer sentido. O capitão era um bêbado esbanjador, com um coração de pedra, que não sabia tratar a si mesmo ou qualquer outra pessoa.

---

1. Tradução: "Foi-se, foi-se, vendida se foi/ Para os arrozais, úmidos e ermos!". De *The Farewell of a Virginia Slave Mother to her Daughters sold into Southern Bondage*, do poeta abolicionista americano John Greenleaf Whittier (1807–1892).

Na sua segunda viagem, o navio trouxe de volta o Sr. Walker, o homem que mencionei em um capítulo anterior e que alugara meu tempo. Ele tinha de cem a duzentos escravos em correntes e grilhões. Entre eles estava um homem que pertencera a Aaron Young, irmão do meu ex-senhor. Seu nome era Solomon. Ele era um pastor e pertencia à mesma igreja que o seu senhor. Fiquei feliz em ver o velho. Ele chorou como uma criança quando me contou que fora vendido e separado da mulher e dos filhos.

Enquanto permaneci a bordo, o navio transportou quatro ou cinco turmas de escravos. O Missouri, apesar de ser um estado comparativamente novo, é bastante envolvido com a criação de escravos para o abastecimento do mercado sulista. Em um capítulo anterior, mencionei que uma vez fui empregado por um traficante de escravos, ou condutor, como são chamados no Sul. Por medo que alguém acredite que estou difamando um condutor de escravos, apresento a seguir uma passagem do *Millennial Trumpeter*, um jornal publicado no estado escravista do Tennessee.

Rebanhos de negros, acorrentados às dezenas e vintenas, e algemados, foram conduzidos através de nossa região em quantidades muito maiores do que em qualquer ano anterior, e esses sórdidos condutores e traficantes descem sobre nós como abutres sobrevoando carniça. Nesse condado, é impossível andar alguns quilômetros nas grandes estradas sem ter cada gota de humanidade insultada e lacerada por esse escândalo, nem mesmo é possível adentrar qualquer condado ou mesmo vizinhança sem ver ou ouvir uma dessas criaturas desprezíveis chamadas de condutores de negros.

Quem é o condutor de negros? Alguém cujos olhos se deleitam nos corpos lacerados de homens, mulheres e crianças indefesas; cuja alma sente um regozijo diabólico na presença de correntes e algemas e chibatas, com a tortura de mães lacrimosas, arrancadas da sua prole desvalida, e de maridos e mulheres divididos para sempre![2]

Por mais sombrio e revoltante que seja esse retrato, ele veio da pena de alguém que vive no meio da escravidão. Esses homens podem choramingar sobre os condutores, e informar a todos as criaturas desprezíveis que são, mas quem, pergunto, quem os fornece com os seres humanos que estão separando? Minha resposta, até onde vai meu conhecimento sobre o estado de que me originei, é que aqueles que criam escravos para o mercado estão entre todas as classes, desde Thomas H. Benton[3] até o menor demagogo político, e são capazes de adquirir uma mulher para fins de cultivar seu rebanho, do Doutor em Divindade até o membro leigo mais humilde da congregação.

---

2. Provavelmente extraído de *The Brotherhood of Thieves: Or, A True Picture of the American Church and Clergy: a Letter to Nathaniel Barney, of Nantucket* (1844), de Stephen Symonds Foster (1809–1881).

3. Thomas Hart Benton (1782–1858), senador do estado do Missouri de 1821 a 1851 pelo Partido Democrata que foi um dos maiores defensores da doutrina de Destino Manifesto e da expansão dos EUA para o Oeste. Benton se transformou em adversário da escravidão após a Guerra Mexicano-Americana (1846–1848).

Em St. Louis, não era raro passar por uma casa de leilão, encontrar uma mulher na plataforma e escutar o leiloeiro berrando:

– Quanto se oferece por essa mulher? Boa cozinheira, boa lavadeira, criada obediente. E religiosa!

Por que esse homem informaria os compradores que ela é religiosa? A resposta é que no Missouri e, até onde sei da escravidão, nos outros estados o ensino religioso consiste em ensinar o escravo que ele jamais deve atacar um homem branco; que Deus o fez para ser escravo; e que, quando açoitado, ele não deve culpar ninguém, pois diz a Bíblia que "E o servo que soube a vontade do seu senhor, e não se aprontou, nem fez conforme a sua vontade, será castigado com muitos açoites!"[4] E para os escravistas, essa religião muito lhes convém.

Após deixar o vapor *Otto*, fiquei morando em casa, com a família do Sr. Willi, e mais uma vez comecei a traçar planos para executar minha fuga da escravidão. Meu anseio por ser livre não me deixava descansar dia ou noite. Eu pensava nas cidades do Norte, das quais tanto ouvira falar; no Canadá, onde tantos dos meus conhecidos haviam se refugiado. À noite, sonhava que estava no Canadá, livre, e quando acordava de manhã, chorava ao perceber o triste equívoco.

I would think of Victoria's domain,
And in a moment I seemed to be there!
But the fear of being taken again,

---

4. Lucas 12:47.

Soon hurried me back to despair.[5]

O Sr. Willi me tratava melhor do que o Dr. Young jamais tratou; mas em vez de me deixar contente e feliz, isso só me deixou ainda mais miserável, pois me permitiu valorizar mais a liberdade. O Sr. Willi era um homem que amava o dinheiro, assim como a maioria dos homens, e sem procurar uma oportunidade para me vender, encontrou uma na oferta do Capitão Enoch Price, agente comercial e proprietário de navios a vapor que morava na cidade de St. Louis. O Capitão Price ofereceu setecentos dólares, duzentos a mais do que o Sr. Willi pagara. Assim, ele decidiu que era preciso aceitar a oferta. Fui adquirido para ser cocheiro, e a Sra. Price ficou muito satisfeita com a barganha do capitão. A família ainda tinha uma criança. O capitão tinha três criados além de mim: um homem e duas mulheres.

A Sra. Price tinha muito orgulho dos seus criados, sempre mantendo-os bem vestidos. Assim que fui comprado ela decidiu que precisava de uma nova carruagem, e logo adquiriram uma, com todas as preparações para adereços e complementos grandiosos, e comigo na boleia.

Uma das criadas era uma menina de dezoito ou vinte anos chamada Maria. A Sra. Price não demorou para decidir que deveríamos nos unir, caso pudesse arranjá-lo. Ela

---

5. Tradução: "Eu pensava nos domínios de Vitória,/ E em um instante parecia estar lá!/ Mas o medo de ser recapturado/ Logo me levava de volta ao desespero." Adaptado de *The Solitude of Alexander Selkirk*, do poeta inglês William Cowper.

sempre insistia comigo que eu precisava ter uma esposa, dizendo que seria muito agradável para mim se ela fosse da mesma família! Mas casar-se, ainda na escravidão, era a última ideia que me ocorria; e mesmo que estivesse inclinado a tanto, não teria casado com Maria, pois meu amor já estava reservado a outra. A Sra. Price logo descobriu que não lograria sucesso em seus esforços casamenteiros por mim e Maria. Ela também descobriu (ou assim pensava) que eu gostava de uma menina chamada Eliza, da propriedade do Dr. Mills. Isso a induziu imediatamente a tentar comprar Eliza, tamanho era o seu desejo de me arranjar uma esposa!

Antes de realizar a tentativa, no entanto, ela considerou que seria melhor conversar um pouco comigo sobre amor, namoro e casamento. Desse modo, uma tarde ela me chamou para o seu quarto e me mandou puxar uma cadeira e me sentar. Foi o que fiz, achando aquilo muito estranho, pois os criados quase nunca são chamados a se sentar na mesma sala que o seu senhor ou senhora. Ela disse que descobrira que eu não gostava o suficiente de Maria para me casar com ela. Respondi que era verdade. Depois, me perguntou se não havia alguma menina na cidade que eu amasse. Ora, mas isso estava virando intimidade demais para mim! Em geral, as pessoas não contam suas histórias de amor a qualquer um que se ache no direito de perguntar sobre elas, e assim era comigo. Contudo, após corar um pouco e me recuperar, disse a ela que não queria uma esposa. Então ela me perguntou se eu não tinha algum interesse por Eliza. Respondi que tinha. Por fim, ela disse que se eu desejasse me casar com Eliza, ela a compraria, se pudesse.

Não tentei encorajar a proposta, pois estava determinado a lograr outra tentativa de obter minha liberdade, e sabia que, se tivesse uma esposa, não estaria disposto a deixá-la para trás; e que se tentasse levá-la comigo, as chances de sucesso diminuiriam. Contudo, Eliza foi comprada e trazida para a família.

Capítulo XII

Mas quanto mais pensava na armadilha que a Sra. Price criara para me deixar satisfeito com meu novo lar ao me obter uma esposa, mais decidido ficava a jamais me casar com mulher nenhuma sobre a terra até conquistar minha liberdade. Mas esse segredo eu era forçado a guardar de todos, o que me colocava em uma situação bastante crítica. Era preciso me manter nas graças da Sra. Price. Assim, prometi à Sra. Price que me casaria com Eliza, mas disse que ainda não estava pronto. E precisava me manter nas graças de Eliza também, por medo de que a Sra. Price descobrisse que eu não pretendia me casar.

Falo aqui em casamento, e é muito comum entre os escravos que se fale disso. E é comum também que os escravos se casem, ou pelo menos que realizem a cerimônia de casamento. Mas não existem escravos legalmente casados. Jamais ocorreu de um escravo ser julgado por bigamia. O homem pode ter tantas mulheres quanto desejar, e a mulher tantos homens; e a lei não toma conhecimento de tais atos entre os escravos. Na verdade, alguns senhores, quando vendem o marido e o separam da esposa, forçam esta a arranjar outro.

No outro lado da rua do Capitão Price morava o Dr. Farrar, muito conhecido em St. Louis. Ele vendera um homem chamado Ben para um dos traficantes. Ele também possuía a esposa de Ben, e alguns dias depois forçara Sally (esse era o seu nome) a se casar com Peter, outro homem que lhe pertencia. Perguntei a Sally por que ela se casara com Peter tão pouco depois que Ben foi vendido.

— Porque o meu senhor me obrigou — ela respondeu.

O Sr. John Calvert, que morava próximo à nossa residência, tinha uma mulher chamada Lavínia. Ela era muito jovem, e o homem com quem ela estava prestes a se casar foi vendido e levado para o interior próximo a St. Charles, a cerca de trinta quilômetros de St. Louis. O Sr. Calvert queria lhe arranjar um marido, mas ela estava decidida a não se casar com mais ninguém e então se recusou. O Sr. Calvert a vergastou de tal forma que se acreditou que ela iria morrer. Alguns cidadãos o prenderam, mas o caso logo foi acobertado. E assim terminou a história. A mulher não morreu, mas foi como se tivesse.

O Capitão Price me comprara no mês de outubro, e permaneci com ele até dezembro, quando a família fez uma viagem a Nova Orleans em um navio de sua propriedade, o *Chester*. Servi a bordo na função de camareiro. Ao chegar em Nova Orleans, em meados do mês, o navio embarcou cargas com destino a Cincinnati, e foi decidido que a família subiria o rio com ele; e, o que era do meu interesse, que eu os acompanharia.

A oportunidade tão ansiada de executar minha fuga da escravidão se aproximava.

O Capitão Price tinha alguns receios quanto ao cabimento de me levar tão perto de um estado livre, ou até algum lugar onde eu provavelmente poderia fugir e ter uma boa perspectiva de conquistar a liberdade. Ele me perguntou se eu já estivera em um Estado Livre antes.

— Ah, sim — respondi. — Já estive no Ohio. Meu senhor me levou até aquele estado uma vez, mas nunca gostei dos Estados Livres.

Logo foi decidido que seria seguro me levar com eles, e mais seguro ainda porque Eliza estava no navio conosco; e a Sra. Price, para me tentar, perguntou se eu ainda pensava em Eliza tanto quanto antes. Respondi que Eliza me era muito cara e que nada além da morte poderia nos separar. Era como se estivéssemos casados. Isso teve o efeito desejado. O navio zarpou de Nova Orleans e partiu rio acima.

Em diferentes momentos eu obtivera pequenas somas de dinheiro que guardara para um dia difícil. Arranjei um pouco de tecido de algodão, que transformei em um saco para levar mantimentos. As provações do passado se dissiparam nas esperanças para o futuro. O amor à liberdade, que ardia em meu seio havia anos e que quase se extinguira, agora se reanimara. À noite, enquanto tudo estava em silêncio, eu caminhava pelo convés, meditando sobre a felicidade vindoura.

Eu devia ter explicado que antes de partir de St. Louis, fora visitar um velho escravo chamado Frank, de propriedade do Sr. Sarpee. Esse idoso era um vidente muito respeitado (não apenas entre a população escrava, mas entre os brancos também). Ele tinha cerca de setenta anos de idade e mais de um metro e oitenta de altura e era muito esguio. Na verdade, seu corpo era tão estreito que parecia não ter força suficiente para sustentar a cabeça.

Tio Frank era um grande favorito entre as jovens damas, que o procuravam em grande quantidade para ler a sorte. E a crença geral era que ele realmente tinha a capacidade de penetrar os mistérios do futuro. Verdade ou não, ele tinha o *nome*, e isso é metade do necessário nessa era de credulidade. Encontrei Tio Frank às dez horas da noite, sentado no canto junto à chaminé. Logo que entrei, o velho se ergueu da cadeira. Observei seus movimentos como pude sob a luz fraca da lareira. Ele logo acendeu uma lâmpada e se aproximou de mim.

— Ora, meu filho — ele disse, me encarando. — Veio pedir para o tio ler a sua sorte, é?

— Sim — respondi.

Como o velho sabia por que o procurara, eu não sabia dizer. Contudo, fiz o pagamento de vinte e cinco centavos, e ele começou observando uma cabaça cheia d'água. Se o velho era um profeta, ou o filho de um profeta, não sei dizer; mas uma coisa é certa, que muitas das suas previsões se confirmaram.

Não acredito na clarividência, mas às vezes não sei explicar como Tio Frank sabia prever tão precisamente o que ocorreria no futuro. Entre as muitas coisas que ele me contou estava uma que compensaria toda a dificuldade que tive em encontrá-lo. Era que *eu seria livre!* Além disso, ele disse que na tentativa de obter minha liberdade, eu enfrentaria muitas provações terríveis. "Qualquer idiota sabe disso!", pensei comigo mesmo.

Nosso primeiro atracadouro em um Estado Livre foi em Cairo, um vilarejo na foz do Rio Ohio. Permanecemos ali poucas horas, e então seguimos em frente para Louisville. Após desembarcar parte da carga, o navio continuou em sua viagem rio acima. O dia seguinte era primeiro de janeiro. Eu aguardava ansiosamente a chegada do Dia de Ano Novo, que representava o início de uma nova era na história da minha vida. Eu decidira abandonar a instituição peculiar naquele dia.

Durante minha última noite sob a escravidão, não fechei meus olhos um único instante. Quando não pensava sobre meu futuro, minha mente se atinha ao passado. O amor de uma mãe querida, uma irmã querida e três irmãos queridos, ainda vivos, me fez derramar muitas lágrimas. Se pudesse apenas ter alguma garantia da sua morte, eu teria ficado satisfeito; mas eu imaginava ver minha mãe querida no algodoal, seguida por um capataz impiedoso, sem ninguém para lhe oferecer uma palavra de consolo! Eu enxergava minha irmã nas mãos de um feitor, forçada a se submeter à sua crueldade! Apenas alguém colocado nessa situação por um instante ao menos seria capaz de imaginar a agonia intensa a que tais reflexões me sujeitavam.

Capítulo XIII

A hora da ação finalmente chegara. O barco atracou em um local que me parecia o ponto de partida ideal, acima de todos os outros. Descobri que seria impossível levar qualquer coisa comigo além do que carregava no corpo. Eu tinha alguns mantimentos e uma única muda de roupa, e esta um tanto gasta. Enquanto o navio desembarcava sua carga e os passageiros traziam e levavam suas bagagens para a margem, aproveitei a oportunidade para me deslocar para a terra, junto com meus humildes pertences. Peguei um baú, desci para o cais e logo me afastei da multidão. Rumei diretamente para a floresta, onde permaneci até o cair da noite, sabendo muito bem que não poderia viajar durante o dia, mesmo no estado do Ohio, sem correr o risco de ser preso.

Há muito estava decidido que não colocaria meu destino nas mãos de mais ninguém, fosse ele homem branco ou de cor. O escravo é ensinado a considerar todo homem branco um inimigo pessoal e da raça; e vinte e um anos na escravidão me ensinaram que existem traidores em nosso meio, inclusive entre as pessoas de cor. Após o anoitecer, saí da floresta e segui um caminho estreito até a estrada principal. Mas eu não sabia para onde ir. Não sabia distinguir Norte de Sul, Leste de Oeste. Busquei em vão a Estrela do Norte; uma nuvem negra a ocultava da vista. Andei de um lado para o outro pela estrada até quase meia-noite, quando as nuvens sumiram e pude cumprimentar minha amiga, a verdadeira amiga do escravo, a Estrela do Norte!

Assim que a avistei, sabia qual caminho deveria seguir, e antes da aurora percorri trinta e cinco ou quarenta quilômetros. Como era inverno, sofri horrivelmente com o frio, pois estava sem casaca, e minhas outras roupas eram um tanto leves para a estação. Estava munido de um isqueiro, de modo que podia fazer fogo quando necessário. Se não fosse por isso, com certeza teria morrido congelado, já que estava decidido a não buscar abrigo em casa alguma. Eu sabia de um homem pertencente ao General Ashly, de St. Louis, que fugira perto de Cincinnati, a caminho de Washington, e fora capturado e levado de volta à escravidão; e temia a mesma sina caso alguém me avistasse. Eu viajava à noite e descansava durante o dia.

No quarto dia, minhas provisões se esgotaram e eu não sabia o que fazer a partir de então. Ter algo de comer era necessário; mas como arranjá-lo, essa era a questão! Na primeira noite após minha comida terminar, entrei em um celeiro à beira da estrada, onde encontrei algumas espigas de milho. Peguei dez ou doze delas e continuei minha viagem. Durante o dia seguinte, escondido na floresta, assei o milho e me deliciei com o resultado, agradecendo a Deus por estar tão bem suprido.

Minha fuga para a terra da liberdade agora parecia certa, e as possibilidades do futuro ocupavam boa parte dos meus pensamentos. Uma questão que me enchia de ansiedade era qual haveria de ser minha ocupação; e a seguinte era qual deveria ser meu nome. Como já mencionei, meu antigo senhor, o Dr. Young, não tinha filhos, mas tinha com ele um sobrinho, filho de Benjamin Young, seu irmão. Quando o menino foi levado para o Dr. Young, como o seu nome era William, igual ao meu, minha mãe recebeu a ordem de trocar o meu nome ou sofrer as consequências. Na época, este eu considerei um dos atos mais cruéis que poderiam ser perpetrados contra os meus direitos; e recebi vários castigos fortíssimos por dizer às pessoas que meu nome era William após ter recebido a ordem de mudá-lo. Apesar de jovem, eu era velho o suficiente para dar grande valor ao meu nome. Contudo, fora decidido que eu seria chamado de "Sandford", e este era o nome pelo qual era conhecido na fazenda do meu senhor e até o momento em que executara minha fuga. Fui vendido sob o nome de Sandford.

Mas assim que o assunto me ocorreu, decidi adotar meu antigo nome de William e lançar Sandford pela borda fora, pois sempre o odiara. Não que houvesse nada de peculiar no nome, mas porque ele me fora forçado. No Sul, às vezes é comum que os escravos adotem o nome dos seus senhores. Alguns têm o direito legítimo de fazê-lo, mas eu sempre detestei a ideia de ser chamado pelo nome de qualquer um dos meus senhores. E quanto ao meu pai, eu teria preferido adotar o nome de "Sexta-Feira", e ser conhecido como o criado de algum Robinson Crusoé, a usar o seu nome. Assim, eu não caçava apenas a liberdade, eu estava à caça de um nome também, ainda que desse pouca importância para o segundo, desde que pudesse obter a primeira. Andando pela estrada, às vezes eu falava sozinho, pronunciando meu nome a fim de me acostumar com ele antes de estar entre seres humanos civilizados. No quinto ou sexto dia caiu uma chuva rápida, e que congelava com a mesma velocidade, de modo que minhas roupas se transformaram em uma capa de gelo. Viajei durante a noite, com o vento soprando contra o rosto, até ficar tão gelado e entorpecido que se tornou impossível ir mais além. Busquei abrigo em um celeiro, onde fui forçado a caminhar de um lado para o outro para não congelar.

Sempre penso naquela noite como a parte mais memorável da minha fuga da escravidão. Nada além da providência divina, e aquele velho celeiro, me salvou de morrer congelado. Peguei um resfriado fortíssimo que me atacou os pulmões, e meus pés haviam sofrido algumas queimaduras de frio, de modo que eu caminhava com dificuldade. Viajei dois dias nessa situação, até que decidi que era preciso buscar abrigo em algum lugar, ou morrer.

A ideia da morte não me assustava em nada em comparação com a de ser pego e arrastado de volta para a escravidão. Nada além da perspectiva de gozar da liberdade teria me convencido a me submeter a essa provação, pois:

Behind I left the whips and chains,
Before me were sweet Freedom's plains![1]

Isso e nada mais me encorajava a seguir em frente. Mas finalmente resolvi buscar alguma proteção contra a inclemência do clima, então me escondi atrás de algumas toras e arbustos, pretendendo esperar ali até que alguém passasse. Considerava provável que poderia avistar alguma pessoa de cor, ou, se não, alguém que não fosse um escravista, pois tinha a ideia de que saberia reconhecer um escravista assim que o enxergasse.

---

1. Tradução: "Para trás deixei chicotes e correntes,/ À frente, as planícies da doce Liberdade!". Da canção abolicionista *The Flying Slave*, publicada por George W. Clark em *The Liberty Minstrel* (1844).

Capítulo XIV

A primeira pessoa a passar foi um homem em uma charrete, mas ele parecia distinto demais para que eu o interpelasse. Logo passou outro, a cavalo. Tentei falar com ele, mas o medo fez minha voz fraquejar. Quando ele passou, saí do meu esconderijo e estava me aproximando da estrada quando observei um homem mais velho caminhando na minha direção, guiando um cavalo branco. Ele usava um chapéu de abas largas e um casaco bem comprido e obviamente estava se exercitando com uma caminhada. Assim que o avistei e observei suas vestes, pensei comigo mesmo: "Aí está o homem que procuro!" E não estava enganado. Era o próprio!

Ao se aproximar, ele me perguntou se eu não seria um escravo. Olhei para ele por algum tempo e então perguntei se ele sabia de alguém que poderia me ajudar, pois estava doente. Ele respondeu que me ajudaria, mas perguntou mais uma vez se eu não era um escravo. Disse que era. Ele respondeu que estávamos em uma comunidade muito pró-escravidão e que se eu esperasse até ele voltar para casa, obteria uma carroça coberta para mim. Prometi permanecer onde estava. Ele montou seu cavalo e logo sumiu de vista.

Depois que ele se foi, refleti se deveria ou não esperar, apreensivo com a possibilidade de ele ter ido buscar alguém para me prender. Finalmente, concluí que deveria ficar onde estava até que ele voltasse, afastando-me algumas dezenas de metros para observar seus movimentos. Após um suspense de uma hora e meia ou mais, ele voltou com uma carroça coberta puxada por dois cavalos, como aquelas que costuma se ver no alpendre das casas de culto dos Quakers aos domingos e às quintas-feiras, pois o velho era um Quaker ao estilo de George Fox.[1]

Ele me levou até a sua casa, mas demorou algum tempo até me convencer a adentrá-la; foi só depois que a velha senhora saiu que ousei entrar na casa. Creio ter visto algo na touca da senhora que me disse que não apenas estaria seguro dentro da sua casa, mas que eu seria bem-vindo. Eu não estava, entretanto, preparado para receber suas hospitalidades. O único defeito que vi neles foi o de serem bondosos demais. Nunca um homem branco me tratara como igual, e a ideia de uma senhora branca me servindo à mesa era pior ainda! Embora a mesa estivesse cheia das coisas boas da vida, nada comi, pensando que se ao menos tivesse o privilégio de comer na cozinha, estaria mais do que satisfeito.

---

1. George Fox (1624–1691): Líder religioso inglês e um dos fundadores da Sociedade Religiosa dos Amigos, mais conhecida como Quakers ou quacres. Os Quakers tiveram uma participação importante no movimento abolicionista nos EUA.

Como eu não comia, a velha senhora, que era uma "thomsoniana",[2] preparou uma xícara de "composição", ou "número seis"; mas tão forte e tão quente que a chamei de "*número sete*"! Contudo, logo me senti à vontade nessa família. Em diferentes ocasiões, ao recontar esses fatos, perguntam-me como me senti ao ser tratado como um homem por uma família branca, especialmente tendo acabado de fugir de outra. Não posso dizer que já encontrei uma resposta.

O fato de que eu muito provavelmente era um homem livre soava como um feitiço para os meus ouvidos. Estou convencido de que ninguém além de um escravo saberia valorizar a liberdade tanto quanto eu naquele momento. Queria ver minha mãe e minha irmã para poder dizer-lhes "estou livre!" Queria ver meus colegas escravos em St. Louis para que soubessem que as correntes não prendiam mais meus membros. Queria ver o Capitão Price e informá-lo com meus próprios lábios que não era mais propriedade, que era um homem! Estava ansioso, também, para informar a Sra. Price que ela precisaria arranjar um novo cocheiro. E eu queria ver Eliza mais do que o Sr. ou a Sra. Price!

O fato de que era um homem livre, que podia caminhar, falar, comer e dormir como um homem, sem ninguém pairando sobre mim com um chicote sanguinolento, tudo isso fazia com que não me sentisse eu mesmo.

---

2. Sistema de medicina alternativa fitoterápica criado pelo autodidata Samuel Thomson (1769–1843), popular nos EUA durante o séc. XIX.

O gentil amigo que me acolhera se chamava Wells Brown. Ele era um amigo dedicado dos escravos; mas também era muito idoso, e não desfrutava de boa saúde. Após sentar-me junto à lareira por algum tempo, descobri que meus pés haviam congelado bastante. Fui acometido de uma febre que ameaçava me deixar confinado à cama. Mas meus amigos thomsonianos me reergueram sem demora, tratando-me como se fosse um dos seus próprios filhos. Permaneci com eles por doze ou quinze dias; durante esse tempo eles me fizeram algumas roupas, e o velho cavalheiro comprou para mim um par de botas.

Descobri que estava a cerca de oitenta ou noventa quilômetros de Dayton, no estado de Ohio, e de cento e cinquenta a trezentos quilômetros de Cleveland, às margens do Lago Erie, local que desejava alcançar no meu caminho para o Canadá. Sei que isso há de soar estranho aos ouvidos estrangeiros, mas não deixa de ser verdade. Um cidadão americano estava fugindo de um governo democrático, republicano e cristão, em busca de proteção sob a monarquia da Grã-Bretanha. O povo dos Estados Unidos se gaba da sua liberdade, mas, ao mesmo tempo, mantém três milhões dos seus próprios cidadãos acorrentados; e enquanto escrevo esta narrativa, avistando o Monumento a Bunker Hill da minha cadeira, sou um escravo, e não há lei alguma, nem mesmo em Massachusetts, que possa me proteger das mãos dos escravistas!

Antes de deixar esse bom amigo Quaker, ele me perguntou qual era o meu nome, além de William. Respondi que não tinha nenhum outro.

— Bem, tu deves ter outro nome. Como fugiste da escravidão, agora és um homem, e os homens sempre têm dois nomes.

Respondi que como ele fora o primeiro homem a me estender a mão em amizade, eu lhe daria o privilégio de me nomear.

— Se te nominar, chamar-te-ei de Wells Brown, meu próprio nome.

— Mas não estou disposto a perder meu nome de William. Como ele me foi roubado uma vez, não estou disposto a abandoná-lo jamais, seja qual for a condição.

— Então hei de chamar-te de William Wells Brown.

— Assim seja — respondi, e por esse nome sou conhecido desde que deixei a casa de Wells Brown, meu primeiro amigo branco.

Depois que ele me deu algumas moedas, parti mais uma vez em direção ao Canadá. Após quatro dias, cheguei a uma hospedaria, onde entrei para me aquecer, e descobri que alguns escravos fugitivos haviam acabado de passar por ali. Os homens na sala de bar estavam conversando sobre o caso, e eu achei que eles deviam estar se referindo a mim, de modo que fiquei com medo de sair, temendo que me capturassem; finalmente, reuni coragem o suficiente para abandonar aquele lugar. Assim que saí de vista, adentrei a floresta e permaneci nela até o cair da noite, quando mais uma vez retomei a estrada, e segui por ela até o dia seguinte.

Por não ter comida alguma havia quase dois dias, a fome já quase me fazia desmaiar, e eu estava em um dilema quanto ao que fazer, pois o pouco dinheiro que meu pai adotivo me fornecera, e que contribuíra para o meu conforto, já havia se esgotado. Contudo, decidi procurar um sítio e pedir algo de comer. Ao me aproximar da primeira que encontrei, bati à porta e logo fui recebido por um homem que perguntou o que eu queria. Disse que queria algo de comer. Ele perguntou de onde eu vinha e aonde ia. Respondi que vinha de longe e que estava indo para Cleveland.

Após hesitar por um instante ou dois, ele respondeu que não tinha comida para me dar, mas completou que se eu trabalhasse, ganharia algo para comer.

Senti-me mal com essa recusa de algo que sustentasse minha natureza, mas não ousei contar-lhe que era um escravo.

Quando estava indo embora, com um peso no coração, uma mulher, que depois descobri ser a esposa desse cavalheiro, apareceu na porta e perguntou ao marido o que eu queria. Ele não parecia inclinado a informá-la, então ela própria me perguntou. Contei que havia pedido um pouco de comida. Após mais algumas perguntas, ela me convidou para entrar e disse que me daria alguma coisa para comer.

Fui até a porta, mas o marido permaneceu onde estava, como se não estivesse disposto a me deixar entrar.

Ela pediu duas ou três vezes que ele saísse do caminho e me deixasse passar. Como ele não se mexeu, ela o empurrou para o lado e me mandou entrar! Nunca antes eu ficara tão feliz em ver uma mulher empurrando um homem! Desde aquele ato, sempre fui a favor dos "direitos das mulheres"!

Após me dar tanta comida quanto pude consumir, ela me presenteou com dez centavos, que era todo o dinheiro que tinha para dispor, acompanhados de um bilhete para um amigo que morava a alguns quilômetros de distância pela mesma estrada. Com o coração transbordando de alegria, agradeci a esse anjo de misericórdia e segui em frente, e em três dias cheguei a Cleveland, Ohio.

Por ser um completo estranho nesse lugar, tive dificuldade para descobrir onde poderia ficar. Eu não tinha dinheiro e, como o lago estava congelado, percebi que seria preciso permanecer na cidade até ele estar aberto para navegação, ou então me dirigir para o Canadá através de Buffalo. Como acreditava estar um tanto longe do perigo, no entanto, obtive um emprego de garçom na Mansion House em troca da hospedagem. Contudo, o proprietário, cujo nome era E. M. Segur, logo me contratou, pagando doze dólares por mês; trabalhei sob essas condições até a primavera, quando encontrei um bom emprego a bordo de um vapor do lago.

Comprei alguns livros e passei a folheá-los nos momentos de folga, o que me trouxe vantagens consideráveis. Em Cleveland, encontrei pela primeira vez um jornal antiescravista. Era o *Genius of Universal Emancipation*, publicado por Benjamin Lundy,[3] e apesar de não ter lar, tornei-me assinante do jornal. Era meu grande desejo, tendo saído da escravidão, fazer o possível em prol da emancipação dos meus irmãos ainda acorrentados; no Lago Erie, tive diversas oportunidades de "promover o avanço da sua causa".

É sabido que um grande número de fugitivos escapa para o Canadá através de Cleveland; e enquanto estive no lago, sempre arranjava para levá-los de barco para Buffalo ou Detroit, o que lhes permitia completar a fuga para a "terra prometida". Os amigos dos escravos, sabendo que eu os transportaria sem cobrar nada, sempre tinham uma delegação a postos quando o navio atracava em Cleveland. Às vezes, eu levava quatro ou cinco a bordo ao mesmo tempo.

No ano de 1842, transportei, entre primeiro de maio e primeiro de dezembro, sessenta e nove fugitivos para o Canadá através do Lago Erie. Em 1843, visitei Malden, no Alto Canadá, e contei dezessete naquele vilarejo que deviam sua fuga aos meus humildes esforços.

---

3. Benjamin Lundy (1789–1839): Jornalista Quaker abolicionista americano, possivelmente o primeiro a viajar pelo país para palestrar contra a escravidão.

Logo após chegar ao Norte, assinei o *Liberator*, editado por William Lloyd Garrison,[4] o campeão da liberdade. Trabalhei durante uma temporada na promoção da causa da temperança entre as pessoas de cor, mas nos últimos três anos tenho pleiteado pelas vítimas da escravidão americana.

William Wells Brown
Boston, Massachusetts, junho de 1847.

---

4. William Lloyd Garrison (1805–1879): Abolicionista e jornalista americano, um dos inimigos mais radicais da escravidão.

HEDRA EDIÇÕES

1. *Iracema*, Alencar
2. *Don Juan*, Molière
3. *Contos indianos*, Mallarmé
4. *Auto da barca do Inferno*, Gil Vicente
5. *Poemas completos de Alberto Caeiro*, Pessoa
6. *Triunfos*, Petrarca
7. *A cidade e as serras*, Eça
8. *O retrato de Dorian Gray*, Wilde
9. *A história trágica do Doutor Fausto*, Marlowe
10. *Os sofrimentos do jovem Werther*, Goethe
11. *Dos novos sistemas na arte*, Maliévitch
12. *Mensagem*, Pessoa
13. *Metamorfoses*, Ovídio
14. *Micromegas e outros contos*, Voltaire
15. *O sobrinho de Rameau*, Diderot
16. *Carta sobre a tolerância*, Locke
17. *Discursos ímpios*, Sade
18. *O príncipe*, Maquiavel
19. *Dao De Jing*, Lao Zi
20. *O fim do ciúme e outros contos*, Proust
21. *Pequenos poemas em prosa*, Baudelaire
22. *Fé e saber*, Hegel
23. *Joana d'Arc*, Michelet
24. *Livro dos mandamentos: 248 preceitos positivos*, Maimônides
25. *O indivíduo, a sociedade e o Estado, e outros ensaios*, Emma Goldman
26. *Eu acuso!*, Zola | *O processo do capitão Dreyfus*, Rui Barbosa
27. *Apologia de Galileu*, Campanella
28. *Sobre verdade e mentira*, Nietzsche
29. *O princípio anarquista e outros ensaios*, Kropotkin
30. *Os sovietes traídos pelos bolcheviques*, Rocker
31. *Poemas*, Byron
32. *Sonetos*, Shakespeare
33. *A vida é sonho*, Calderón
34. *Escritos revolucionários*, Malatesta
35. *Sagas*, Strindberg
36. *O mundo ou tratado da luz*, Descartes
37. *O Ateneu*, Raul Pompeia
38. *Fábula de Polifemo e Galateia e outros poemas*, Góngora
39. *A vênus das peles*, Sacher-Masoch
40. *Escritos sobre arte*, Baudelaire
41. *Cântico dos cânticos*, [Salomão]
42. *Americanismo e fordismo*, Gramsci
43. *O princípio do Estado e outros ensaios*, Bakunin
44. *História da província Santa Cruz*, Gandavo
45. *Balada dos enforcados e outros poemas*, Villon
46. *Sátiras, fábulas, aforismos e profecias*, Da Vinci
47. *O cego e outros contos*, D.H. Lawrence

48. *Rashômon e outros contos*, Akutagawa
49. *História da anarquia (vol. 1)*, Max Nettlau
50. *Imitação de Cristo*, Tomás de Kempis
51. *O casamento do Céu e do Inferno*, Blake
52. *Cartas a favor da escravidão*, Alencar
53. *Utopia Brasil*, Darcy Ribeiro
54. *Flossie, a Vênus de quinze anos*, [Swinburne]
55. *Teleny, ou o reverso da medalha*, [Wilde et al.]
56. *A filosofia na era trágica dos gregos*, Nietzsche
57. *No coração das trevas*, Conrad
58. *Viagem sentimental*, Sterne
59. *Arcana Cœlestia* e *Apocalipsis revelata*, Swedenborg
60. *Saga dos Volsungos*, Anônimo do séc. XIII
61. *Um anarquista e outros contos*, Conrad
62. *A monadologia e outros textos*, Leibniz
63. *Cultura estética e liberdade*, Schiller
64. *A pele do lobo e outras peças*, Artur Azevedo
65. *Poesia basca: das origens à Guerra Civil*
66. *Poesia catalã: das origens à Guerra Civil*
67. *Poesia espanhola: das origens à Guerra Civil*
68. *Poesia galega: das origens à Guerra Civil*
69. *O pequeno Zacarias, chamado Cinábrio*, E.T.A. Hoffmann
70. *Tratados da terra e gente do Brasil*, Fernão Cardim
71. *Entre camponeses*, Malatesta
72. *O Rabi de Bacherach*, Heine
73. *Bom Crioulo*, Adolfo Caminha
74. *Um gato indiscreto e outros contos*, Saki
75. *Viagem em volta do meu quarto*, Xavier de Maistre
76. *Hawthorne e seus musgos*, Melville
77. *A metamorfose*, Kafka
78. *Ode ao Vento Oeste e outros poemas*, Shelley
79. *Oração aos moços*, Rui Barbosa
80. *Feitiço de amor e outros contos*, Ludwig Tieck
81. *O corno de si próprio e outros contos*, Sade
82. *Investigação sobre o entendimento humano*, Hume
83. *Sobre os sonhos e outros diálogos*, Borges | Osvaldo Ferrari
84. *Sobre a filosofia e outros diálogos*, Borges | Osvaldo Ferrari
85. *Sobre a amizade e outros diálogos*, Borges | Osvaldo Ferrari
86. *A voz dos botequins e outros poemas*, Verlaine
87. *Gente de Hemsö*, Strindberg
88. *Senhorita Júlia e outras peças*, Strindberg
89. *Correspondência*, Goethe | Schiller
90. *Índice das coisas mais notáveis*, Vieira
91. *Tratado descritivo do Brasil em 1587*, Gabriel Soares de Sousa
92. *Poemas da cabana montanhesa*, Saigyō
93. *Autobiografia de uma pulga*, [Stanislas de Rhodes]
94. *A volta do parafuso*, Henry James
95. *Ode sobre a melancolia e outros poemas*, Keats
96. *Teatro de êxtase*, Pessoa
97. *Carmilla — A vampira de Karnstein*, Sheridan Le Fanu

98. *Pensamento político de Maquiavel*, Fichte
99. *Inferno*, Strindberg
100. *Contos clássicos de vampiro*, Byron, Stoker e outros
101. *O primeiro Hamlet*, Shakespeare
102. *Noites egípcias e outros contos*, Púchkin
103. *A carteira de meu tio*, Macedo
104. *O desertor*, Silva Alvarenga
105. *Jerusalém*, Blake
106. *As bacantes*, Eurípides
107. *Emília Galotti*, Lessing
108. *Viagem aos Estados Unidos*, Tocqueville
109. *Émile e Sophie ou os solitários*, Rousseau
110. *Manifesto comunista*, Marx e Engels
111. *A fábrica de robôs*, Karel Tchápek
112. *Sobre a filosofia e seu método — Parerga e paralipomena (v. II, t. I)*, Schopenhauer
113. *O novo Epicuro: as delícias do sexo*, Edward Sellon
114. *Revolução e liberdade: cartas de 1845 a 1875*, Bakunin
115. *Sobre a liberdade*, Mill
116. *A velha Izerguil e outros contos*, Górki
117. *Pequeno-burgueses*, Górki
118. *Primeiro livro dos Amores*, Ovídio
119. *Educação e sociologia*, Durkheim
120. *Elixir do pajé — poemas de humor, sátira e escatologia*, Bernardo Guimarães
121. *A nostálgica e outros contos*, Papadiamántis
122. *Lisístrata*, Aristófanes
123. *A cruzada das crianças/ Vidas imaginárias*, Marcel Schwob
124. *O livro de Monelle*, Marcel Schwob
125. *A última folha e outros contos*, O. Henry
126. *Romanceiro cigano*, Lorca
127. *Sobre o riso e a loucura*, [Hipócrates]
128. *Hino a Afrodite e outros poemas*, Safo de Lesbos
129. *Anarquia pela educação*, Élisée Reclus
130. *Ernestine ou o nascimento do amor*, Stendhal
131. *Odisseia*, Homero
132. *O estranho caso do Dr. Jekyll e Mr. Hyde*, Stevenson
133. *História da anarquia (vol. 2)*, Max Nettlau
134. *Eu*, Augusto dos Anjos
135. *Farsa de Inês Pereira*, Gil Vicente
136. *Sobre a ética — Parerga e paralipomena (v. II, t. II)*, Schopenhauer
137. *Contos de amor, de loucura e de morte*, Horacio Quiroga
138. *Memórias do subsolo*, Dostoiévski
139. *A arte da guerra*, Maquiavel
140. *O cortiço*, Aluísio Azevedo
141. *Elogio da loucura*, Erasmo de Rotterdam
142. *Oliver Twist*, Dickens
143. *O ladrão honesto e outros contos*, Dostoiévski
144. *O que eu vi, o que nós veremos*, Santos-Dumont

145. *Sobre a utilidade e a desvantagem da histório para a vida*, Nietzsche
146. *Édipo Rei*, Sófocles
147. *Fedro*, Platão
148. *A conjuração de Catilina*, Salústio

«SÉRIE LARGEPOST»

1. *Dao De Jing*, Lao Zi
2. *Escritos sobre literatura*, Sigmund Freud
3. *O destino do erudito*, Fichte
4. *Diários de Adão e Eva*, Mark Twain
5. *Diário de um escritor (1873)*, Dostoiévski

«SÉRIE SEXO»

1. *A vênus das peles*, Sacher-Masoch
2. *O outro lado da moeda*, Oscar Wilde
3. *Poesia Vaginal*, Glauco Mattoso
4. *Perversão: a forma erótica do ódio*, Stoller
5. *A vênus de quinze anos*, [Swinburne]
6. *Explosao: romance da etnologia*, Hubert Fichte

COLEÇÃO «QUE HORAS SÃO?»

1. *Lulismo, carisma pop e cultura anticrítica*, Tales Ab'Sáber
2. *Crédito à morte*, Anselm Jappe
3. *Universidade, cidade e cidadania*, Franklin Leopoldo e Silva
4. *O quarto poder: uma outra história*, Paulo Henrique Amorim
5. *Dilma Rousseff e o ódio político*, Tales Ab'Sáber
6. *Descobrindo o Islã no Brasil*, Karla Lima
7. *Michel Temer e o fascismo comum*, Tales Ab'Sáber
8. *Lugar de negro, lugar de branco?*, Douglas Rodrigues Barros

COLEÇÃO «ARTECRÍTICA»

1. *Dostoiévski e a dialética*, Flávio Ricardo Vassoler
2. *O renascimento do autor*, Caio Gagliardi

«NARRATIVAS DA ESCRAVIDÃO»

1. *Incidentes da vida de uma escrava*, Harriet Jacobs
2. *Nascidos na escravidão: depoimentos norte-americanos*, WPA
3. *Narrativa de William W. Brown, escravo fugitivo*, William Wells Brown

Adverte-se aos curiosos que se imprimiu este livro em nossas oficinas, em 15 de junho de 2020, em tipologia Libertine, com diversos sofwares livres, entre eles, LuaLaTeX, git & ruby.
(v. 803b9da)